Entre versos y estrofas…
relatos de una vida

José Augusto García Ronzino

Créditos

© José Augusto García Ronzino
Autor
Joseagarciar21@gmail.com

2.da edición:
noviembre 2020

Entre versos y estrofas…
relatos de una vida

Edición de estilo y contenido
Ana H. Peña Cepeda
anahildavillas@gmail.com

Fotografías
Heyddy Mora, Hipi-Photo
Hipódromo Camarero Facebook,
Iván Baella, Marcelo de la Cruz, NP
Robert Sánchez

IBSN:

9798667005520

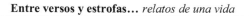

Entre versos y estrofas…
relatos de una vida

Dedicatoria

Este compendio de versos y estrofas va dedicado a mis abuelos maternos, Dante y Emilia (RIP); a mis hijos, Dante José y Scarlett Teresa; y a mi nieto, Sebastián.

A mis amigos sinceros: Rafael (Quique) Jansen y Alfredo Paula.

A una consorte en mi paso por esta vida: Scary, siempre susceptible a mis emociones.

También, por supuesto, a los que gustan de la poesía y a los fanáticos hípicos.

Gratitud

Mi agradecimiento a la señora Ana Hilda, en mi vida un ser indispensable. Has dado forma a mis letras y, gracias a ti, pude escribir.

Asimismo, va mi reconocimiento especial al propietario de la cuadra Pryca, don José Martí, quien desinteresadamente permitió el uso de sus caballos como modelos exclusivos para estas páginas, del personal y de esa gran área como escenario para las fotografías en el Hipódromo V Centenario.

Contenido

Orejitas del autor

Quise plasmar en este primer libro, **Entre versos y estrofas...** *relatos de una vida*, un puñado de mis inspiraciones. Unas, llegaron de forma momentánea, como sucede con la musa. Otras, cuando la vida me ha sorprendido con sus victorias o derrotas.

Es así como en esta compilación versan mis vicisitudes y satisfacciones, con las que muchos también pudieran identificarse o informarse.

Son palabras sinceramente liberadas del ser, escritas con honestidad y de la mejor manera posible. Definidas en forma rítmica, literal, simbólica o como quieran llamarle, pero encarnan mi sentir en este diario vivir, que pudiera asimilarse al suyo.

Y es que, en este paso por la vida de alguna forma hemos experimentado la maravillosa alegría. O, por el contrario, el dolor ha tocado a nuestra puerta cuando la soledad, la tristeza o la nostalgia invade nuestros corazones.

Hemos sentido la ironía, el coraje, la impotencia, inclusive el intento de reconciliar una relación familiar marchita por desconocimiento... Pues todas esas sensaciones toman presencia en esta selección de poemas, en el que desahogo mis estados de ánimo cuando afloran los sentimientos y las emociones.

Sin duda, los aspectos sentimentales son fuente de inspiración y complace a muchos. En mi caso, dedico líneas al amor deseado y esperado. Al mismo tiempo, expreso el desencanto ante la traición a este sentimiento, a la falsedad de la amistad, y, a veces, hasta las injusticias de la vida −cuando luchamos por lograr lo que tanto deseamos y, en cambio, nos golpea sin piedad−.

Igualmente, sin temor a equivocarme, elogio a la mujer por su nobleza en general. También, la sensualidad femenina da variedad a alguna de estas historias en las que resalto esta figura, de quien muchas veces requerimos de su compañía para sentir bienestar.

Varias odas, favoritas de este escritor (y permítanme llamarme así), están dedicadas a la Madre Naturaleza, creada por el Padre Celestial para nuestro gozo y cuidado. Con igual esmero, dedico poemas a la figura de mi amado abuelo (emigrante de la provincia de Salerno, en Italia), a quien tanto extraño.

Además, el personaje de la reina de un pintoresco carnaval que tanto admiran y gusta a los ciudadanos, junto a otros temas tratados con alguna jocosidad, como la "contienda" con un mosquito, brindan cierto balance a esta obra, cuyo propósito es entretener al joven o adulto que dedique parte de su tiempo a su lectura.

A su vez, se aluden situaciones de actualidad que nos han impactado como seres humanos. Por ello, la inestabilidad mundial, la crisis causada por el coronavirus (Covid-19), y la insolvencia económica que abruma nuestro acontecer diario son referenciadas en algunas partes como crítica social.

Ha sido importante para mí, hacer constar en este tratado algunas narraciones dedicadas al hipismo, deporte que desde siempre me ha cautivado y hasta el sol de hoy, ha sido el pan que sustenta mi vida. Son relatos genuinos, experiencias que no se pueden cambiar y guardan gran relevancia.

Como parte de los hechos fue necesario identificar a varias personas y a los grandes protagonistas: los caballos, que de todas formas han marcado mi existir.

Y en efecto, aunque no a todos pude mencionarlos, pues la lista ha sido extensa, hago un recuento de algunos. En esta recreación, como punto focal, intento hilvanar la historia con el mismo ejemplar, que tanto orgullo y satisfacción me trajo como entrenador de caballos de carreras durante un periodo, pero en realidad no fue el único en esta jornada.

También, aquí explico sobre la otra forma de algunos nombrarme dentro de este campo. Y, por último, si tasan literalmente el título de este libro, notarán que en su estructura parte de mi vida quedó entre poemas.

Afortunadamente, con cada amanecer, al mismo tiempo llegan las oportunidades, nacen inspiraciones, hacemos nuevos planes.

En mi caso, un día decidí poner en marcha mi ilusión, sin pretender convertirme en un autor famoso por su *best seller*, tampoco rico, sino sentirme bien personalmente. ¿La razón? Porque en mi lista de deseos anhelaba otra meta, no en la pista de carreras, sino en las letras.

Y este es el resultado, mi sueño ya tangible: **Entre versos y estrofas**... *relatos de una vida*, poemas e historias que emanan de mi alma, mis dos perfiles. Un libro escrito con pasión, confiando en que con voluntad sea leído, logren conocerme y refleje su total agrado.

JAG Ronzino

*B*iografía del autor

*J*osé Augusto García Ronzino

Es conocido mayormente por su apellido materno, *Ronzino,* de ascendencia italiana, nacido en Santo Domingo, la ciudad capital de la República Dominicana, un 21 de enero de 1958.

Durante su niñez y adolescencia fue criado por sus abuelos maternos, debido a los compromisos artísticos de su señora madre, la exvedette, cantante y poetisa María Antonietta Ronzino, por cuya vía tiene dos hermanas menores, de quien ha reconocido proviene su vena artística.

Su escolaridad lo ha capacitado como profesor de educación física y técnico veterinario. Además, el padre de dos hijos, ya abuelo, quien se considera protector de los animales y seguidor de los deportes, por algún tiempo fue entrenador de baloncesto.

Cuando su tiempo libre le permite, disfruta cantar y participar en karaokes. También, expresa es fanático del bachatero Héctor Acosta "El Torito" y del baladista José José. También le gusta coleccionar gorras con logos hípicos.

En el aspecto profesional, cuenta con una vasta experiencia como entrenador de caballos de carreras. Todo comenzó en el año 1979, en el Hipódromo Perla Antillana, y luego, en el 1995, en el V Centenario.

En ambos recintos en la República Dominicana se da a conocer por su habilidad y dominio de su labor, que, aun siendo un adolescente, despuntaba con éxito. Su gran talento permitió que, por varios años fungiera como presidente de la Asociación de Entrenadores de Caballos de Carreras en ese lugar.

Ronzino, llega a Puerto Rico en el 2003 contratado en ese rol por un distinguido establo en el Hipódromo Camarero, localizado en el municipio de Canóvanas. Más adelante, continúa trabajando para varios propietarios por más de un lustro.

Allí, con esfuerzo y dedicación, logra triunfos, reconocimientos y considerables ingresos para sus representados y propiamente, mediante competencias en las ordinarias carreras de caballos y la celebración de clásicos.

También, ha residido en varios lugares de los Estados Unidos, a saber: La Florida, Maryland y Washington, estados que le abrieron sus puertas dentro de este ámbito profesional.

Por otro lado, en la rama de las Comunicaciones, Ronzino ha incursionado como promotor, productor de eventos culturales y locutor, siendo copresentador en diferentes emisoras radiales dentro y fuera de su país de origen.

Al regresar a su patria, entre sus gestas, para el 2018 y 2019 fue el presidente del Comité Organizador del Carnaval Barrigaverde en San Juan de la Maguana. Como tal, tuvo a su cargo todo el andamiaje y la promoción del evento entre empresarios, comparseros y medios informativos. Asimismo, delinear el concepto del afiche; coordinar los premios para las competencias, contactar a los auspiciadores y la participación artística.

A su vez, ha organizado actividades sin fines de lucro, para entregar ayuda a comunidades desventajadas de ese sector y otras áreas.

Ronzino, tras su participación en la *Antología 2020, Cuentos, poemas y pandemia,* de los Amigos de Grupos Culturales de Puerto Rico y el Mundo, decide publicar **Entre versos y estrofas...** *relatos de una vida,* de forma independiente, logrando un sueño que pudiera considerarse su autobiografía.

A este novato escritor, se le pudiera llamar *"Poeta de la Vida"*, porque sus composiciones resaltan vivencias. De hecho, ha expresado que en busca de un porvenir para los suyos e inclusive, ha enfrentado situaciones con aciertos y desaciertos.

Y, exactamente, son esas experiencias con algunas anécdotas, las que, como materia prima, ha transformado en inspiración para sus poesías y narraciones. Unas, ahora comparte y otras, conserva gran parte en manuscritos.

Entre versos y estrofas...

Añoranza

Te pensé.
Grité tu nombre
mientras recordé tus besos
y añoré tus caricias.
Te imaginé de una manera que…
tenerte entre mis brazos
era la ilusión de ese día.

Armonía

Aquella tarde cualquiera
me senté frente al mar
y mientras soplaba el viento
intentaba descifrar,
al contemplar su gran belleza
y toda su majestuosidad
cómo esas olas hermosas
en su vaivén calmadas
nos hacen deleitar.
¡Tantos seres cohabitan!
que hasta el sargazo
se posa a descansar
en la arena mojada.
Haces posible este balance,
esta armonía sin par,
porque es la obra de tus manos
para nosotros disfrutar.

¡Buenas noches!

Apoyada sobre la cama
alcanzo a ver tu silueta.

Te ves cansada, agotada
luego de una intensa jornada.

Es necesario que duermas
para poder recuperarte.

Mañana vendrá otro día
cuando igual podré desearte.

Con mis manos acariciarte
y con besos te haré mía.

Cada día, corazón

Siempre voy a quererte
porque estás dentro de mí.

Bombeas a mi cuerpo el torrente
que fluye y me hace vivir.

A mi organismo das la energía
para su tarea cumplir.

Cómo no voy a cuidarte
si importante eres para mí.

Mimos y besos te daré,
pues todo mío es tu latir.

¡Ay mi corazón, cuánto te adoro,
y te amaré hasta morir!

Clímax

Cual pétalos de rosas,
tu piel tierna y frágil,
me hace sentir al tocarla
un éxtasis infinito
de sensaciones hermosas.

A esos tan dulces labios
carnosos, pulposos
quiero volver a besarlos,
pues me hacen estremecer
de tan solo pensarlos.

Tu extensa y oscura caballera,
entrelazando mis dedos,
produce increíbles emociones,
desencadenan alucinaciones
que provocas sin remedio.

Todo tu cuerpo poseerlo
hasta la saciedad quiero.
Me estremece y es intenso
que de solo imaginarlo
al ansiado clímax yo llego.

Cómplices

Cuando pienso en ti
hay sentimientos encontrados.
Reacciono a momentos recordados
de nuestra perpetua complicidad.

Algunas lágrimas podrían
de mis ojos brotar
o sonrisas agradables
a mis labios adornar.

Mi rostro, depende lo que piense
de esta especial relación,
puede mostrarse diferente
según lo invada la emoción.

A veces, llegan a mi memoria
momentos de felicidad plenos,
otros, a mi mente desconciertan
si pronto verte no puedo.

De todo, importante ha sido
que disfrutamos los dos,
lo logramos, lo hemos sufrido
como cómplices, lo saboreamos.

En común acuerdo estuvimos
que perfecto era el plan
de juntar tu cuerpo y el mío,
en momentos de intimidad.

cont. **Cómplices**

Como partícipes en ocasiones
hemos gustado nuestro existir,
cual si fuese el día postrimero
o el último soplo por vivir.

Tú y yo, testigos fieles
de lo que es algo consentir
siendo tan solo cómplices
o total enamorados al fin.

Deseo

Esta noche quisiera realizarte
las pasiones imaginadas,
las más intensas.
Quiero poder vivir
la innegable realidad
del deleite de tu piel
como si fuese lo último
que hiciera mi ser.

Fundirme en tu cuerpo
ardiendo de placer,
adulando con mis manos
cada espacio de tu vientre.
Y provocar en ti el éxtasis
saboreando como eres
y sintiéndonos amantes
hasta el amanecer.

Disfrutemos

Susúrrame al oído que me amas.
Deja que tus manos me acaricien
elevándonos al embeleso eterno.

Seamos partícipes perpetuos
de los puros sentimientos
que hace tiempo profesamos.

Valoremos estar juntos.
Seamos felices.
De todo este amor disfrutemos.

Estragos de la soledad

En la vida sentí más tristeza
que cuando me falta mi familia.
Las noches son de total soledad.
Lágrimas asoman mis ojos;
caen cual cataratas por mis mejillas,
reflejando el dolor en mi corazón
que sus palpitaciones intensas
hacen sobrevivir.

Estoy muy solo;
carente de caricias y cariño.
Sin alguien que aniquile
el sufrimiento que trae
la sensación de desierto
convirtiendo las noches
en interminables desvelos
y con mayor oscuridad.

El silencio es más notorio
y el sueño que tarda en llegar,
provoca un vacío en el alma,
el llanto retorna insistente,
la cruel tristeza dice presente.
Sollozos sofocan mi respirar,
me siento más solitario,
también más lejos de la felicidad.

Fuente de vida

Hoy me levanté temprano
y en este nuevo amanecer
agradezco a Dios por todo
y este lindo acontecer.

Quiero sencillo disfrutar
de un día más de vida;
puedo ver el horizonte
y allí al alba despuntar.

Con toda su maravilla
el universo empieza a brillar
y con su luz, su gran labor
reluce todo alrededor.

Permite a los campos
cumplir con su fecundidad
dando ayuda al campesino
que su cosecha nos da.

Allá está en el firmamento
la luminosa estrella sol
imponente y gigante,
como toda obra de Dios.

Galopando van

Avisa la trompeta en Laurel
el inicio de la carrera
a los exitosos jinetes
al sillín de su ejemplar.

Al raider up del Little Mario
este desfile hacia la gatera
lo encabeza Carrasco,
nacido en la Isla del Encanto.

Jevián Toledo y Xavier
de igual camada bravía
conduciendo a sus caballos
ágiles salen a la pista.

Junto a Ruiz y Correa
rivales en la contienda
diviso a Avery, a McCarthy
y Márquez, Jr. cursa en primera.

Rosales, Cintrón y Sheldon
son fácil de identificar
y luchan por dominar
estando en la recta final.

La participación de Hamilton
estimula voces sin parar
del fanático que lo anima
para a la meta llegar.

cont. **Galopando**

A Montanez no se puede obviar,
ni al colombiano Pimentel
tampoco a Ruiz, orgullo de Argentina
que se esfuerzan día a día.

Admirable es Karamanos,
por su trato cordial,
afable y puntual,
efectivo como el que más.

Todos intentan en su gesta
otra victoria apuntar
igual que las féminas jockettas
Cedeño, Boyce y Rebeca.

Les insiste Lapaustina
que diestra siempre a la silla
de su magnífico corcel
llevarse quiere el laurel.

Cuidado con el JD Acosta
también cantante y boxeador
conoce la pista cual ring
luciendo como un campeón.

Guerrera virtuosa

Mujer, mujer
quien con encantos y sonrisas
alivianas el alma,
traes sosiego y alegría,
a ti dedico estas letras.
Única receptora de vida
y en tu vientre protectora
del bendito fruto de amor.
Propicias en el hombre
felicidad e inspiración
para llevarte una serenata,
dedicarte una canción,
escribirte una poesía,
entre una interminable lista...
Eres fuerte, virtuosa,
guerrera de corazón.
Mujer, a ti, ser especial,
mis respetos, mi admiración,
siempre te deseo lo mejor.

Hambre y Miseria

Ir al colmado
me obliga a reflexionar
en aquel refranero popular
que a los pobres intimida
en tiempos de necesidad.

Con apetencia en el estomago
no se puede funcionar.
Meto la mano en los bolsillos,
cuento la cantidad de chelitos
para lo necesario adquirir.

Amparándome en el Creador
a ese lugar me dirijo
rogando todo el camino
que me alcance pa' jamón
queso, café y tocino.

De pan duro algo queda
todavía en la dispensa.
Por eso de la lista pequeña
lo esencial escogeré
y así los cheles rendiré.

En la canasta eché arroz,
habichuela, agua y queso,
tomate no pude comprar;
la carne la regresé a su lugar
y me dispuse a pagar.

cont. **Hambre y Miseria**

En el turno suspiro, trago hondo
casi me pongo a llorar...
¡qué tortura para el pobre
si Hambre y Miseria se juntan
para alimentos comprar!

¡Hoy estoy feliz!

¡Feliz estoy!
por fin puedo sonreír
y añoro a una mujer
para mi alegría compartir.

Junto a ella salir al cine,
ver una película de amor,
cenar, beber y conversar,
o quizás salir a bailar
y los dos juntos festejar.

Toda la noche danzar
con sensualidad bachata,
un merengue apambichao
al son de una vieja tambora,
o abrazados un bolero preferir.

Afincarla a mi cintura
y en su fragilidad descubrir
detalles que a mi corazón
felizmente y hermoso
hagan sentir su latir.

Si fuese mi último día,
hoy que estoy feliz,
quisiera desatar la lujuria
del éxtasis favorito, con ella,
haciendo el amor hasta el fin.

Inmensamente

No quiero el sentir de una mujer
perpetuada a su pasado,
ni tampoco llorando a diario
de tristeza o de rencor
por lo que en su vida ocurrió.

Aspiro a un corazón dispuesto
a observar el amor en mí
su nuevo presente y su futuro,
brindándose la oportunidad
de hacerla inmensamente feliz.

Invisible enemigo

No se escucha la señal de salida.
Ni se ve al bravío jinete
cuando agita a su caballo
en la importantísima carrera.
Tampoco se divisa la presencia
del público enardecido
cuando llega a la meta
su pupilo favorecido.
Ya no se lamenta el perdedor
ni se oye al ganador
con sus eufóricas carcajadas
por vencer en la competencia.
Ya solo la congoja embarga
ante este invisible coronavirus
que los hipódromos enclaustran.
Cuánto pesar se siente en el alma.
Cuánto duele en el corazón
este inevitable encierro,
que por la crueldad pandémica
también se han suspendido
las carreras de los equinos.
Y no solo yo siento el vacío
del deporte que tanto amo,
pues la pasión por el hipismo
son muchos los fanáticos
que de este pasatiempo gozamos
pero hoy entristecidos estamos.

Josecito

"Josecito" de infante y adolescente
así me llamaba mi abuelo,
mi adorado viejo
quien de todo me colmó,
y con su ejemplo siempre habló.

Mucho me consintió.
Llevándome de su mano,
me colmó de su cariño
y a su lado no padecí
protegiéndome con su amor.

Hoy nadie me invoca así.
Tal vez será porque crecí,
y al apartarme de mi abuelo,
el hombre terco en mí nació
y al "Josecito" alejó.

Juntos

Caminar por las calles
agarrados de la mano,
ir a la plaza del barrio,
a disfrutarnos un helado.
Contemplar el anchuroso mar
esperando del sol la tiniebla,
y de entre las nubes
de la noche negra
ver nacer y la luna brillar.

Eres importante para mí.

Susurrarte al oído
palabras hermosas.
Sentir tu cálido aliento
cerca de mi boca,
tocar tu cuerpo
con sensibilidad o malicia
y con mis manos
insinuar qué tanto provocas...
a toda mi vida.

Eres importante para mí.

Lienzo tatuado

Incontables las lágrimas
desde el alma derramadas
surcando el tapiz,
cual lienzo para plasmar
la inspiración, en el que así
comienzo a escribir.

Luna

Eres astro de luz apacible,
testigo de tantas declaraciones
de amores que resultaron intensos,
de noviazgos con finales felices
y cómplice de apasionados besos.

Con tu presencia al fondo,
el inmenso mar nos deleita.
Das esplendor impresionante
al firmamento, cual esférico lucero,
y eternidad a los atardeceres.

Tu magnificencia
ha sido la mejor compañera
para quienes, hasta el cansancio,
con tu majestuosa figura,
el amor disfrutamos ante tinieblas.

Meditando sobre mi vida

Han pasado muchos años
desde que tengo uso de razón,
son muchas las alegrías,
pero, se cuelan lágrimas y tristezas.

Repaso que, a conciencia,
no he dañado a nadie,
no envidio lo de otros
ni deseado lo ajeno.

A mí fue a quien dañé;
por los errores cometidos,
por desaciertos en decisiones
o por la consecuencia de mis actos.

Como pueda, ya a mis años,
quiero disfrutar de lo más preciado
que puede tener el ser humano
y todavía mío es: la vida.

Navidad sin papá Dante

Luego de marcharme del pueblo
donde pasé los mejores años de mi vida,
donde la niñez y la juventud
fueron disfrute pleno,
acostumbraba a regresar
y visitar a mis abuelos,
papá Dante y mamá Emilia.

Ambos seres especiales,
las dos únicas personas
que me amaron sin juzgarme.
Juntos, mis protectores
que de sí lo dieron todo,
consintiéndome hasta morir.
En cambio, yo ingrato fui.

Compromisos profesionales
teniendo en otros lares
impidieron ese año repetir el viaje
que de costumbre en Navidad
iría yo a celebrar
la festividad de Año Nuevo
en unión a mis queridos viejos.

No cumplí lo prometido
a quienes por mi todo dieron.
Tristeza en mi causó la noticia
que anunciaba la angustiosa llamada.
La partida sin regreso de papá Dante
sin que pudiera verlo en cama,

cont. **Navidad sin papá Dante**

ni tener tiempo para una despedida.
Un duro golpe la vida me daría,
el deber de laboral me robaría
espacio en el lugar preciso
con una persona tan querida,
que para mí todo sería,
quien permanecerá en mi mente
hasta el último hálito de mis días.

A días regresé a mi pueblo
memorando buenos momentos
juntos como consuelo.
Pero verlo en el ataúd,
ya su reloj terrenal cumplido,
me hizo llorar con rabia, desde el alma,
la Navidad en que se fue mi viejo.

Olvidemos el rencor

Quiero compartir con la gente,
a fin de que seamos testigos,
para la vida disfrutar
como buenos y grandes amigos.

Sin guardar resentimiento,
aspirando poco a poco,
a este mundo mejorar,
sin envidias, sin enojos.

Atesorar, por ejemplo,
la existencia que tenemos,
que así mismo valoremos,
y los rencores olvidemos.

A todos bien propondré
aunque algunos me fustiguen
y el mal para mí deseen,
con mucha fe yo venceré.

Papá Dante Ronzino (*Acróstico*)

Placentera personalidad
Adorado ser humano,
Pletórico de bondad y
Ágil de mentalidad.

Dadivoso con el prójimo,
Amor abundó en tu ser
Natural, sincero, humilde
Temeroso de Dios anduviste y
Enamorando a la vida viviste.

Responsable con el entorno habitaste.
Optimista ante el riesgo decidiste y
Negación jamás tuviste.
Zafiro como alhaja preciosa e
Inigualable tu imagen será.
Nadie podrá superarte.
Orgulloso estoy de ti, abuelo.

Pensar en ti, amor

Amarte sería una razón
para alegrar los días
en mi transitar por la vida.

Observar en cada detalle,
lo que pueda cautivarte
y hasta tus límites llevarte.

Dibujarte, desearte,
oír canciones fantásticas,
acordándome de ti.

Razonar sobre mis acciones
para llegar a conquistarte
y mi amado corazón entregarte.

¿Qué pasa?

¿Qué sucede en nuestro mundo?
Los políticos se adueñan de las regiones.
Los pueblos gobernados por tiranos
jactanciosos de poder, los destruye.

También mueren de hambre
en enormes continentes.
A niños y pobres viejos
nadie tiende la mano.

Los terremotos castigan lugares.
Fenómenos como huracanes
de categoría cuatro y cinco
azotan por los puntos cardinales.

Calores, nevadas, deshielos
inundaciones, plagas, fuegos,
volcanes y escasez de alimento
mucho llanto y lamento invaden.

¿Se habrá cansado el Creador
de tanto desorden provocado
o ante mucha calamidad manda
solamente ante él doblegarnos?

Sintamos en nuestros corazones
amor puro, profundo, verdadero y
unidos oremos por nuestro mundo.
¿Qué nos pasa? ¡Reflexionemos!

Quiero retroceder el tiempo

Nunca imaginé esta agonía,
que pronto este día llegaría,
tener que llorar tu partida.
Verte inerte en el ataúd
 pensando cuánto te quería.

Tantos momentos perdidos
por estupideces cometidas
al ser rebeldes al amor
lo que incorrecto fuera
y más tarde lamentaría.

Ahora te contemplo dormida,
una quietud que nos separa.
Ya no podré acariciarte,
por lo que lloro al pensarte
y la tristeza embarga mi vida.

Tampoco a mi lado estarás,
no te podré tocar.
Yo tanto que te quise
aunque valorarte no supe
y por orgullo omitía.

Ahora estás en otro mundo
quisiera detener tu vuelo
para de nuevo comenzar,
declararte mis sentimientos,
deseando buenos momentos.

cont. **Quiero retroceder el tiempo**

Pero ya no tengo el tiempo
para disfrutar de esta ambrosía.
Hoy yaces en otro mundo
y muy a mi pesar entiendo
que nunca más mía serás.

Ramita de olivo

Olvidemos el desaliento,
frenemos el rechazo,
todo el dolor causado,
los silencios, los insultos.
Quiero tenerte a mi lado.

Abrazarnos sin cuestionar
de porqué nos alejamos.
Poder contar contigo,
sin pensar en el pasado
ni tampoco en lo sufrido.

En tus brazos dormido
deseo olvidar el daño,
lo fatal que me he sentido,
agradecer los días y meses
dentro de tu vientre vividos.

Anhelo en tu pecho tibio
mi pelicana cabeza reposar,
tu rostro también acariciar
y sonoro al viento expresar:
¡Te Quiero, vivamos en paz!

Soñando contigo

Anoche quise tocarte,
deseaba besarte
y extasiarme en tus labios.
Recrearme en cada centímetro
de tu piel tersa y morena.
Confundirme en caricias
y alojarlas en cada espacio
de tu delicado cuerpo.
Imaginé quedarme inerte
ante el respirar placentero
de tu aroma femenino
desbordado por tus vellos.
Desolado quedé
ante mi triste realidad
en la que tú ya no estás
en mi infecundo despertar.

Tiempo

A veces
apresurado te veo pasar.
Los instantes, los momentos,
los minutos, las horas
rápidamente se escapan.
¿A esa velocidad
tendré vida para lograr
lo que un día
propuse alcanzar?
Mejor no te dejaré escapar
¡De valorarte, es tiempo ya!

Un día

Como buen aventurero
buscando nuevos horizontes
decidí emigrar a otro país.

Partí hacia Puerto Rico,
la pequeña Isla del Encanto,
para jornadas profesionales cumplir.

Por años disfruté su hermosura,
su hospitalidad, su agradable clima,
y en casa sentirme creí.

Pero, tras varias decepciones
a la Americana Nación me fui
viviendo en Maryland, Ohio y Florida.

Allí repentino cambiaba la temperatura
y mi cálido paraíso tropical
dejaba de existir.

Su tiempo era tan distinto,
que calaba mis huesos el frío
y el calor me parecía el fin.

También coincidí con gente extranjera,
trabajadora, valiente, buena
compartiendo el mismo sentir.

cont. **Un día**

Todos soñábamos conquistar
el tan codiciado bienestar
lejanos de la tierra natal.

Ha sido mi ilusión por años...
Pero, tras varios meses transcurridos
de nuevo a mi país volví.

Y aunque dominicano soy,
no sé..., quizás, un día,
decida volver a partir.

Vida

Para querer y ser feliz la vida es.
Para disfrutar de bellos momentos
que luego recordaremos.
Para poder entendernos con los demás.

Para aceptarnos y comprender
que en este mundo unos nacieron
para amar y ser amados;
otros, para sufrir o ser olvidados.

¡Viva la reina del carnaval!

La reina del carnaval
no es la de mejor perfil,
se tiene que distinguir
entre otras carismáticas damas.

Compite en el colorido festejo
por conocer la tradición
de esa patriótica celebración
aplaudida de principio a fin.

Admira los ciertos detalles
de confección de comparsas
y caretas que traen alegría
al gentío que la acompaña.

Más que disfrutar del momento,
muestra seguridad y elocuencia
al hablar de la cultura
que motiva la gran fiesta.

Luce un vistoso vestido
ceñido a su delicada figura
cubierto de lentejuelas y brillo
que delatan su hermosura.

Su simpatía sobrepasa matices
del espectáculo celebrado.
El precioso rostro y la cabellera
los condecora la corona.

cont. **¡Viva la reina del carnaval!**

Por un jurado es elegida
colocando en su pecho
la llamativa banda diagonal
la que nombra este gran suceso.

En el carruaje junto a ella,
desfilan súbditos, virreina
y hay personajes que al paso
le saludan con reverencia.

¡Viva la reina, qué viva!
al unísono vociferan
compueblanos a su encuentro
admirando su belleza.

Y la orgullosa Soberana
con las joyas de su boca expresa
¡soy la Reina del Carnaval
de San Juan de la Maguana!

¡Wow! en cuarentena

Ahora un virus en la Tierra
a los viejos está aniquilando.
Los decesos son múltiples
pues todavía no existe cura,
aunque la están inventando.

Este contagio casi fatal
diezma la población mundial.
Dicen que en laboratorio lo crearon,
pero ni comer serpientes o murciélagos
eso se ha descartado.

¿Será que El Padre está cansado?
Lo muestra en el Libro de la Vida,
que todo lo que está ocurriendo,
las plagas, tanto virus o infecciones,
son tiempos del fin que se avecina.

El temor cada día peor
en la población es patente
en nuestras cabezas dolor
falta de respiración, fiebre, tos
son la presencia de la muerte.

Aislarnos unos de otros
es el remedio como sobrevivencia,
si es que el antídoto no llega tarde,
arrepentirnos se hace palpable
o Dios se apiada de nuestra existencia.

Y por siempre serás
(Para Scary)

Gracias por ser y estar,
por tu afectuosidad
constancia y bienestar.
No imaginé enamoramiento
a primer vistazo
con tanta especialidad.

Me dejaste deslumbrado
la tarde en que te encontré.
Con tus orejas y ojos saltones
¡que rápido me conquistaste!
también con tu menudo cuerpo
y de tu pelaje, detalles.

Juntos hemos compartido
sinsabores, alegrías
y durante tantos años
me has servido de cómplice,
de sincera y grata compañía
una gran parte de mi vida.

Has sido mi confidente, mi amiga
en los más difíciles días,
que aun con agudos ladridos
o en tu apreciado silencio
demuestras la lealtad canina
que a tu amo le prodigas.

Zumbido

Era una noche cualquiera
cansado del trajín diario
a descansar me dispuse
en la cama recostado.

Varias veces despertaba
por el ruido molestoso
y sin abrir los ojos
con mis manos azotaba.

Intentaba atraparle,
aplastarle con mis dedos,
pero de nada me valdría
pues ligero desaparecía.

Rápido ideaba una guerra
darle con la almohada,
asfixiarlo con la sábana
o tirarle con la chancleta.

Trataba de reprenderlo,
se escapaba ágilmente
en varias ocasiones volaba
y a mi cabeza rodeaba.

El zumbido aterrador
revoloteando por mi cuarto
impedía dormir sereno
y me enloquecía completo.

cont. **Zumbido**

Pronto amanecería…
Ese insecto alado y terco
en mi oído martillaba
y yo desesperado sufría.

Fue un movimiento repentino
que realicé sin pensarlo
y el mosquito sinvergüenza
de un simple *zas* quedó derrotado.

Su pequeño cuerpo maltrecho
ensangrentado cayó al suelo
ya faltando veinte minutos
para recuperarme del desvelo.

...relatos de una vida

*A*nécdotas de mi carrera

Estas son algunas historias de tantas experiencias profesionales acumuladas. Considero guardan cierto grado de emotividad y en ellas veo colmadas mis aspiraciones.

Como parte de ello, hago un paréntesis porque creo necesario informar como primera anécdota que ha sido lamentable haber extraviado la documentación, como fotografías, cortes de periódicos y premios que ilustrarían gran parte de todo lo aquí contado como entrenador de caballos de carreras durante más de cuatro décadas. (¡Sí, es que comencé un *teenager*...!).

Parte del relevante material lo conservaba en cartapacios o sobres manila, pero entre el ir y venir, se fueron traspapelando y en algún lugar quedó esa evidencia junto a la nostalgia. Mantener esa historia bajo mi custodia, era ese archivo que me daba definitivamente sentido de pertenencia a esta área profesional. Con ella afloraría cierto dato olvidado, pero impregnado en un papel. Y es que recopilaba momentos que muchas veces me animaron a seguir en esta carrera del hipismo, la que no ha sido fácil, ni color rosa, pero ¡me encanta!

Por supuesto que en Internet pude encontrar material. Además, tuve el beneficio de contar con imágenes que me fueron provistas para este propósito, que, si bien recrean momentos específicos, igual han servido para engalanar partes de estas narrativas.

Estas vivencias que reseño no siempre tratarán de ganar la competencia en una pista, ni en lo que respecta a su plano económico. Pienso que van más allá. Tienen que ver con la relación que se puede desarrollar entre dos humanos: hombre y animal.

Para mí, los animales proyectan gran sensibilidad, inteligencia, instinto natural, asimismo su belleza interior, la que puede sobrepasar su aspecto físico.

Tal vez, muchos humanos (personas) no entenderán y hasta podrían mofarse de mi pensar, sin embargo, algunos componentes de ese reino han sido parte de mi realidad, especialmente los caballos de carreras con los que he compartido desde hace más de cuarenta años.

Y siendo honesto, con esta especie he sincronizado a lo largo de mi desarrollo como entrenador que sinnúmero de veces he preferido estar rodeado de ellos, a compartir con la gente. Ellos me dan serenidad.

Una vez alguien dijo: "*El caballo es el ser más inteligente y noble de la naturaleza*", y respaldo esa aseveración. Es hermoso que haya estado al lado del hombre desde siempre, desde inicios de la historia del planeta.

A su lado podemos convivir en perfecta armonía. Disfruto con ellos de manera tal, que no podrán imaginar la paz que dan a mi alma.

Les cuento que, en mi camino de hipódromo en hipódromo, cuando las oportunidades han llegado a este entrenador de caballos de carreras, he creado un instinto que, como todo padre que conoce a su hijo o como dueño de su mascota, detecta a simple vista las cosas que están bien o no lo están. A veces, una mirada refleja tantas cosas... Por eso enfatizo que la observación es vital en este menester, aunque no siempre se trate de caballos.

Precisamente, sobre ello, relato la siguiente anécdota

acontecida recién llegado a Puerto Rico. Un día me topé con una avecilla herida, cuya pequeña sombra captó mi atención.

Estaba tirada en el suelo cercana a mi dormitorio en la cuadra del establo Villa Real, en el Hipódromo Camarero.

Me causó pena ver el pequeño pichón lastimado. Intuí que cayera de su nido, ubicado entre las ramas de un árbol donde con frecuencia las aves solían habitar y cantar.

Por días me dediqué a curar y a alimentarlo antes de iniciar mis labores con los ejemplares, ya que no requería de tanto tiempo, comparado con ellos, que me ocupaban casi toda la jornada.

Para mí era importante que sanara; por lo cual durante varios días velar por su recuperación fue mi rutina. Con sumo cuidado tomaba en mi mano su frágil cuerpo. El pichón de paloma tenía su ala derecha maltrecha y le había colocado una especie de vendaje hecho de gaza y esparadrapo.

La paciencia prevalecía dándole agua mediante gotero y, en la eventualidad, migajas de pan, granos de maíz triturado o semillas para aves compradas en un centro agrícola limítrofe del área.

Conseguí una caja de cartón de poca altura, que resultaba muy grande para ella, pues interesaba que se moviera sin restricciones dentro de ese espacio. Le hice orificios alrededor y resguardé sus dos tapas con cinta adhesiva.

Además, puse varias páginas de periódico sobre el cartón que fungía como base para de forma rápida y segura eliminar el guano que constantemente defecaba…

En las noches colocaba un pedazo de tabla fuerte como cubierta para protegerla de los gatos y roedores que pudieran merodear en las afueras deseando el rico banquete.

Solía pitar con mi voz cerca de ella para reanimarla cuando percibía su tristeza o estimaba que su mejoría no progresaba.

Pasaron algunos días y la tortolita comenzó a moverse con más agilidad. Daba muestras de su crecimiento y fortaleza. En una madrugada, quedé sorprendido cuando por primera vez su gorjeo respondió a mis silbidos. Y desde ese entonces sería nuestro modo de entendernos.

En ocasiones parecía competir conmigo cuando entonaba alguna melodía; o su cantarín se confundía con la voz de un locutor en la radio informando sobre hipismo.

También hubo veces en que solo ella hacía sentir su arrullador *cu-cucu-cú*, cuando yo regresaba a la habitación. ¡Me alegraba escucharla!

Con el tiempo, se convertiría en la mascota del establo, para quien yo entrenaba catorce caballos. Mis empleados consideraban que nos traería suerte en las carreras. Y tal vez tenían razón.

Un día, la encontré en el borde superior de la caja. ¿Cómo abrió las tapas? ¿Con el pico? ¡No lo sé, pero lo imaginé!

Rápido la tomé en mis manos y solté su venda porque con dificultad hacía balance y brusca intentaba agitar sus alas de predominante color negro.

Otro día, se movía por el suelo de la pequeña recámara. Mientras, yo pisaba cuidadosamente para no lesionar su cuerpo lleno de un vistoso plumaje tornasol en el cuello.

Parecía observarlo todo. Con sus ojos, todavía tonos cafés, descubrió cada rincón del cuarto que solo contenía lo esencial en busca de algún alimento desparramado en el suelo. Ya tomaba agua de un pequeño recipiente.

Al cabo de unas semanas el momento tanto deseado había llegado. Con su ala sana revoloteaba por el aire de aquel dormitorio que se había convertido en su jaula, no obstante, alegraba con su zurreo. Fue la señal de que estaba lista para unirse a sus pares.

Al mostrar su total independencia y ya no serle necesario como su cuidador, le silbé, abrí la puerta y alzó vuelo...

Transcurrió un periodo sin conocer de su rumbo, imaginándola surcar lejanos cielos. Pero un amanecer, me despertó el insistente toque en mi puerta. Supuse un estado de emergencia de quien estuviera al otro lado, por lo que abrí sin reflexionar, ni preguntar. Quizás les parezca increíble. ¡Era aquella paloma ahora con ojos anaranjados, la que tocaba con su pico...! interrumpiendo mi descanso.

Y a partir de ese momento, con frecuencia venía sola o acompañada a buscar alimento (lo que yo interpretaba) y obviamente lo encontraba.

Recuerdo que a veces, posaba sus dedos y calzas sobre el lomo de algún ejemplar cerca de mí. ¿Cómo lo sé? Porque conocía a quien con mis manos curé de su ala rota y devolví la libertad...

En otra ocasión, ya en Belterra Park, hipódromo en Cincinnati, tuve un caballo que en su primera carrera llegó última posición. En la eventualidad, observaba que se ponía sumamente nervioso cada vez que salía a la pista. Sudaba demasiado, se deshidrataba y se estresaba.

Allá es costumbre que el entrenador ganador de una carrera regale algo a los vecinos colegas. Hay quienes obsequian donas, sándwiches, cafés y así por el estilo... En una de esas veces, una entrenadora me obsequió una bolsita conteniendo bombones de mentas para celebrar su triunfo, por lo cual la felicité y la acepté.

Mientras sacaba el dulce de su envoltura, *Moravitz*, así se llamaba el referido caballo que se encontraba a mi lado, casi me 'arranca la mano' y de forma inesperada ¡se comió el dulce!

Su reacción me sorprendió y me agradó porque noté que lo saboreaba. A partir de ahí comencé a darle mentas. Se veía más tranquilo, dócil dentro de la jaula, pero enérgico. Se mostraba más amigo y afectuoso según me manifestaba el jinete a su monta.

Ya conociendo los gustos de *Moravitz*, cuando iba a correr le daba mentas durante el día. Así anotó fácilmente las carreras que todos queríamos mientras estuvo bajo mi entrenamiento, antes de enviarlo a Puerto Rico.

Por otro lado, hubo una yegua que no le gustaban las mentitas, sino ¡las galletitas!

No obstante, en mi país, hubo otro ejemplar que en ocasiones me seguía o relinchaba como pidiendo su dulce... Los caballos son como las personas, también tienen sus preferencias y su carácter.

Además, hubo otras situaciones que, si bien no pudieran estar ligadas a mí, podían ocurrir dentro de las instalaciones del hipódromo. Por ejemplo, me refiero a cuando un caballo se soltaba de forma imprevista invadiendo, sin jinete, el área de pista antes de iniciar la carrera del programa.

Todo se detenía hasta que el *ponyboy* (ujier) pudiera atraparlo. Esto retardaba el horario de los eventos. Tras la captura, al caballo que en la escapada suele correr con agilidad, no se le permitía participar de la competencia. Cabe destacar que en Santo Domingo conocí a quien considero el mejor *ponyboy* del mundo: Radamés. Laboró en los hipódromos de Miami, pero regresó al V Centenario, desempeñándose hasta su fallecimiento.

Otro aspecto que solía ser más que refrescante, se trata de "la iniciación" de un aprendiz, como si fuera una especie de "bautizo". Es una costumbre en los hipódromos y lo disfruté en todos los que estuve.

Se celebra cuando un jinete aprendiz gana su primera carrera. Sus compañeros proceden a tirar sobre todo su cuerpo cubos o recipientes colmados de agua fría.

Es un momento que está repleto de alegría, ya que con él festejan la victoria, porque ganar, como en todo deporte, es la meta en el hipismo.

Algo a lo que siempre he sido vigilante es cuando antes de asistir a una subasta de caballos de carreras es estudiar el pedigrí de los ejemplares. Esta acción ayuda a considerar los posibles cruces de los que se podían adquirir de acuerdo con los recursos económicos. Empero, en varias ocasiones los caballos que nos gustaban no podían obtenerse, recurriendo a la conformación. Es decir, aunque el susodicho no tuviese todos los atributos que se buscaban, evaluaba el abuelo, tío o algo parecido relacionado con su línea de sangre.

Sobre este particular, en una ocasión compré dos yeguas carísimas, *Canela Bo* fue una de ellas, sin embargo, no resultaron como esperábamos. En otra oportunidad, para el establo que representaba compré siete yeguas todas caras; su precio fluctuaba de catorce mil a dieciséis mil dólares.

El último día, fui autorizado para adquirir una yegua más barata, de ocho mil dólares, pero para otro establo. La ironía: esta ejemplar resultó ganadora de varios clásicos, su nombre: *Score Classic*.

Hay que ser conscientes, aquí también impera la suerte. No necesariamente por un caballo tener un alto costo garantiza el triunfo, también influye mucho en su desempeño "el ángel del caballo" …

También tuve la experiencia de que alguno que otro corredor aun sin ser el favorito del evento, resultaba ganador, siendo el "cantazo" o la sorpresa del día. Por ello, los comentarios no se hacían esperar. Esto trastocaba todas las proyecciones imaginadas.

Por eso insisto en que ganar es cuestión de suerte y consideraciones como el esfuerzo. Hay que cruzar los dedos en señal de buenos deseos. Precisamente, ese concepto me remontó al momento cuando estuve a punto de llevarme el Poolpote en mi país…, pero eso ya es parte de otra historia.

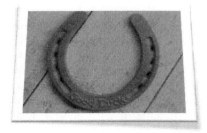

Crónica de una pasión

En mi desempeño como entrenador de caballos de carreras tuve días buenos con los resultados para los que me había esmerado junto al grupo de empleados que trabajaban para mí en los establos.

Todos habíamos hecho del hipismo un sustento. Nos preparábamos para las carreras ordinarias con mucho entusiasmo y esperanza. El cuido de los caballos era nuestro norte, el que con mucho esmero realizábamos.

De estos dependía el éxito o el fracaso de nuestra labor. Cónsono, de eso también estribaría la estabilidad económica del dueño, por ende, de nuestra fuente de trabajo o nuestros ingresos, inclusive el de la Industria Hípica.

En un día normal de carreras, el quehacer era intenso, pero el día programado para la celebración de un Clásico, era mucho más ajetreado y hasta tirante. Si bien por la emoción de saber que se participaría, igual por todo el esfuerzo que conllevaba emocional y físicamente codiciar el néctar de la victoria.

Aquel domingo soleado, en representación del establo Vagabundo, el potro *Lamento Hípico* tendría su tercera participación clásica para ejemplares importados.

Pero, la agitación no comenzaba específicamente a las cinco y treinta de la tarde, hora pautada para la espectacular carrera del Clásico Agustín Mercado Reverón. En lo que a mí respecta, había iniciado desde la amanecida de ese 18 de diciembre de 2011.

Tener a mi cargo la preparación de caballos de carreras, ha sido una de las responsabilidades que más he disfrutado. Tal vez por eso, dedicarle la mayor parte de mi tiempo a este trabajo para cumplir con la agenda diaria, "jamás me ha quitado el sueño". Y ese día era uno de esos.

Por ello, al sonar la alarma a las cuatro de la mañana, ya estaba despierto y oraba. Agradecía a Dios por la oportunidad que traía ese nuevo despertar y pedía para que, según mi fe, nos concediera el triunfo.

Luego, me dirigí al baño para asearme. Escogí la ropa de trabajo y tomé, como siempre, dos vasos de agua a temperatura ambiente antes de partir. Alimenté a la pequeña mascota, mi chihuahua Scary, alma inseparable, y salí al Hipódromo Camarero, localizado en Canóvanas. Llegué antes de un cuarto para las cinco de la mañana, todo continuaba oscuro y el amanecer tardaría.

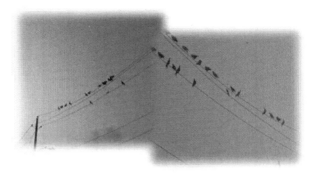

Aunque sin verlos, se hacían presente y se escuchaban algunos negros mozambiques trinar impacientes desde cualquier árbol plantado cercano al establo o apostados en el cable del tendido eléctrico. En esa postura, al hacerse visible, fácilmente podrían confundirse con las figuras musicales perfeccionando la duración de su cantar.

Su particular sonido, competía con el insistente cantar del coquí y del *ki-ki-ri-kí* del gallo madrugador que se colaba en la lejanía. Y afuera del recinto, también el ladrido de unos cuantos perros se mezclaba con el relinchar de los ejemplares. Era el concierto natural de cada mañana, que iniciaba a veces sin percatarnos.

A mi paso, las moscas sobre los sacos de alimento atraídas por el dulce de la melaza salían despavoridas. Otras ni se inmutaban al sentir movimiento cerca de las jaulas donde se encontraban ubicados los costales.

El ruido del candado al abrir, el chirrido de la puerta y el encendido de luces avisaba al personal bajo mi supervisión durmiendo en el área, que había llegado el día esperado para el cual con anterioridad les impartí instrucciones.

Sin desatender los caballos asignados a nuestro cuidado y entrenamiento, *Lamento Hípico*, "el ángel", tenía que lucir esplendoroso y cautivador. De tal manera que, el caballo se paseó temprano, se aseó y se alimentó según era conveniente. Tuvo la correspondiente evaluación médica para la carrera y se le dejó descansar hasta llegado el momento.

Por segundos rememoré su triunfal debut el primero de julio, y la fecha del 14 de agosto de 2011. Nuestro caballo había ganado en la séptima carrera, su segundo triunfo ordinario en tres salidas llevando arriba a Carlos "el Inspirado" Pizarro.

La Prensa, específicamente *Primera Hora*, entre sus notas deportivas reseñó:

> *El dosañero Lamento Hípico dejó establecido que se debe contar con él para los eventos importantes para su división....*

Continuó con la descripción de la victoria:

> *Lamento Hípico se desligó fuerte en los últimos cien metros para imponerse con ventaja de cuatro y tres cuartos de cuerpo.*

Respecto a la competición del Clásico José Coll Vidal se realizaría su versión número dieciocho. Ese sería el primer clásico para *Lamento Hípico,* llevando sobre su lomo otra vez a "el Inspirado".

Así, nos ocupaba la séptima y emblemática carrera en la que se enfrentaba a ocho competitivos ejemplares, entre ellos, *El Valenciano.*

Y, aquella tarde del 4 de septiembre nos satisfizo que *Lamento Hípico* impuso su ventaja por media cabeza, obtuvo su premio: $72,320; y marca de cuatro, tres. El comentarista Moncho Núñez reconfirmaba los datos en la repetición de la carrera.

Sin embargo, me causaba cierto pesar el quinto lugar obtenido en su segunda participación en el Clásico Fanático Hípico, celebrado el 4 de noviembre de 2011, nuevamente en su silla Carlos Pizarro.

Aquella tarde, el ejemplar contendor *Fly In The Soup* del establo Jomar Racing, con el jinete Juan Carlos "el Rompecorazones" Díaz y entrenado por Ramón Morales, se llevó la corona de la máxima prueba.

Pero, esa amarga experiencia no minó la motivación de otros, ni la mía. Apostamos al nuestro porque confiábamos en su fortaleza, aunque reconocíamos el calibre de sus rivales. Esta nueva prueba, en verdad, nos creaba mucho ímpetu.

En el interín, a media mañana una llamada telefónica me alertó sobre lo rápido que transcurría el tiempo. Dentro del ajetreo, no pude resistirme al ofrecimiento de un sándwich bien tostado hecho de pan criollo, con jamón, queso de papa y mantequilla, además de un exquisito jugo de china natural.

Fue necesario pausar por cinco minutos imaginando impedimento para almorzar o ingerir alimento más reconfortante durante el día.

Proseguí con las obligaciones y cerca de la una de la tarde, regresé a mi humilde morada en Loíza, a diez minutos del hipódromo, pues requería prepararme y relajarme para el cartel.

Luego de un refrescante baño con agua fría, intenté una siesta, pero la ansiedad no lo permitió, ni el constante timbrar del móvil pidiendo "orejitas" para las carreras.

En la ceremonia de un Clásico se espera algo más de todos. Es una actividad extraordinaria en donde participan caballos purasangres, fuertes, atléticos, de gran configuración física.

Conjuntamente, es un evento distinguido, dedicado a ciertas personalidades de la hípica o sociedad, a fechas importantes dentro de la historia o cultura del país por eso se nombran de forma determinada.

En general, la empresa y los auspiciadores aportan un monto determinado de dinero acumulado para pagar el premio. Esto ayuda a crear mayor interés o incentivo de parte de todos los entes involucrados en las carreras.

Por su parte, el dueño que entiende que su caballo puede ejecutar una buena carrera, paga una inscripción adicional para incluirlo en el estelar episodio.

Hago un paréntesis para mencionar que, como parte de la hípica en la República Dominicana se celebraba hace unos años, el Clásico Kalil Haché con gran entusiasmo y pomposidad para la fanaticada.

Cabe destacar que, si la presentación de un clásico genera emoción, es mucho más excitante e incomparable cuando se trata de la Serie Hípica del Caribe. De este forman parte varios clásicos internacionales en la competencia de caballos purasangre de tres años y más. El programa lo integran: Colombia, Panamá, Puerto Rico, República Dominicana, México además de Venezuela.

Recuerdo que, el 8 y 9 de diciembre de 2012 se celebraba la Serie Hípica del Caribe, en Puerto Rico. Sin dudarlo, la 45 edición se engalanaba en la pista. *El de Chiné*, de Venezuela, concretó el primer lugar y *Arquitecto*, por el pescuezo, llegó segundo en el Clásico del Caribe.

La presencia del honorable Alejandro García Padilla, gobernador de turno —a quien saludé —, y un grupo de personalidades llenó de entusiasmo y expectativas el porvenir hípico aquel domingo en la tarde.

Es que a estas tradicionales celebraciones concurren valorables personalidades del país, líderes cívicos, políticos, deportistas, artistas y los fieles fanáticos hípicos, que sin ellos no tendríamos deporte.

Y, en verdad, es muy emocionante para todo preparador de caballos de carreras participar en un evento de la talla caribeña; es una de sus metas. En mi caso, intereso realizarla. (Aunque, de forma indirecta ya lo hice. En cierto momento, carecer de la documentación personal me impidió asistir a la Serie Hípica del Caribe en Puerto Rico, en el 2015. Pero, dos caballos que entrenaba en mi país, del establo Del Mar Collection participaron. *Impecable,* llegó tercero en el Clásico Damas y *Second Chance*, no dominó en el Clásico Invitacional de Importados).

También están las ceremonias de clásicos en suelo estadounidense. Como carreras de gran envergadura, figuran el Kentucky Derby, la Triple Corona; y el Breeders' Cup, entre otras mayúsculas pruebas.

A los buenos entrenadores, con tesón y orgullo, nos apasiona participar en competencias de trascendencia y mucho más cuando son internacionales.

Sin duda, que deseamos anotar carreras importantes. Por eso, es nuestro empeño exhortar a los dueños a adquirir excelentes ejemplares, que tengan probabilidad cercana a participar y triunfar en este tipo de competencias.

Estas son la gran oportunidad al estrellato de cualquier jinete, caballo y equipo que trabaja para obtener la victoria y premiaciones millonarias. Son todo un ensueño.

Es retante llegar a competir en esos tradicionales Clásicos y ganar el codiciado trofeo. Y no solo en Estados Unidos, igualmente en Europa, Inglatera, Arabia Saudita, Australia y en otros lares donde la industria de la hípica es muy desarrollada y se hacen inversiones cuantiosas.

Estos eventos son relucientes. Motivan a muchos espectadores en las gradas o áreas reservadas para lucir sus mejores galas a tono con la celebración. Por ejemplo, las damas, llevan espectaculares vestidos, asimismo, algunas con vistosos sombreros o pamelas.

De igual forma hay asistencia femenina y masculina que viste, humildemente, un sweater, un cómodo mahón, botas, zapatillas u otro tipo de calzado, como tennis.

En cuanto al Clásico Agustín Mercado Reverón, pautado para la séptima carrera del día y en lo que a mí respecta, opté por ropa sencilla, pero apropiada para la ocasión.

Me sirvieron de atuendo un pantalón y camisa gris oscuro; y un calzado muy cómodo, que combinaba con el color de la correa, estaba funcional para la magistral competencia. Tomé mis identificaciones, con algunas pertenencias y salí de casa sin probar bocado.

Durante el trayecto percibí una tarde calurosa, aun siendo invierno y faltando una semana para la Navidad. Sin embargo, era notable el ambiente festivo en el ánimo de las personas al llegar al óvalo. Eso me animo y me sentí preparado.

Previo a ser identificado y ensillado, *Lamento Hípico* también estaba listo. Ostentaba una condición física espectacular. Correría con antiojeras, llevaría camarra para mantener la boca cerrada y tendría la lengua amarrada.

Ya estábamos en el paddock, área donde los ejemplares esperan junto al jinete y al entrenador antes de salir a correr. Y habilitado el momento de la verdad, nos trasladamos al Área de desfile.

A la vista de todos los aficionados, su prestancia era única. Se exhibía encantador con su refulgente pelaje de un hermoso color zaino claro.

Lamento Hípico era dirigido a paso firme por el jinete Alexis Feliciano. Su crin y su cola eran movidas al son de la leve brisa navideña cada vez que se desplazaba, cual modelo en pasarela. Mientras, el sonido de trompeta anunciaba el comienzo para enfilar hacia la gatera. Tenía asignada la posición número tres, de donde arrancaría acomodado por el palafrenero.

Una vez el juez de salida confirmó toda la asistencia de los caballos y sus conductores, *"se abrieron las compuertas y se fueron a la lucha"*, citando responsablemente al comentarista y periodista deportivo, Joe Bruno.

En este momento, sería difícil referirme con especificidad a esta edición del Clásico, sin contar con la colaboración de la tecnología. Han transcurrido varios años desde aquella tarde llena de exaltación en la que posiblemente, la emoción junto a mi memoria haya borrado algún detalle.

Por fortuna, en la actualidad, tanto la radio, la televisión, la prensa, igual que los medios sociales de comunicación facilitan consultar y disfrutar de las carreras de caballos. Por eso recurrí a ellos para ser justo con mis recuerdos.

Algunos vídeos en YouTube y periódicos digitales que reseñaron la carrera en Puerto Rico, y otros recursos provistos, fueron herramientas útiles para mis propósitos en este evento y otros momentos.

Cada vez que las accedo, parezco revivir esta parte de la historia que desde el palomar describía la voz del ilustre y bienquisto narrador hípico, don Norman H. Dávila. (Imagínenlo...).

Esperamos por la salida. Y ya abren las compuertas. Y están en carrera. West Citizen en los primeros cien metros a la delantera por cuerpo y medio. El Velenciano para el segundo lugar. A un cuerpo en el tercero luchan Mist Shadow, muy cerca también ahí Market Prospect.

En mitad de la primera curva West Citizen dos cuerpos al frente, el Valenciano al segundo lugar a un cuerpo. En la tercera posición ahí hay fuerte lucha, está Market Prospect, está Mist Shadow y a la parte de afuera Nieto Sebastián.

Están ahora llegando al poste de los mil metros y West Citizen sigue dominando, su ventaja es de cuerpo y cuarto. El Valenciano al segundo lugar. A cuerpo y medio en el tercero luchan Mist Shadow, Market Prospect, a uno. En la quinta posición se coloca ahora Caribe Slam. Van ahora al poste de los 700 metros finales.

Ante ese panorama, desde mi ubicación intentaba identificar los colores representando el atuendo del establo, blusa azul en el fondo con las estrellas y el pantalón blanco, además del amarillo en sus ribetes y letras. Empero, a esa distancia ni *Lamento Hípico* ni su jinete, Alexis "el Ingeniero" Feliciano, exaltado al Salón de la Fama del Hipismo, daban señales de asomo en la pista de arena. Empero, confiaba en la capacidad de ambos.

Entretanto, la narración continuaba y los fanáticos azuzaban a los primeros lugares...

> *West Citizen dominando por medio cuerpo. El Valenciano le ataca afuera. Market Prospect a un cuerpo adentro. En el tercer lugar a medio, en el cuarto Mist Shadow. A cuatro en el quinto se está colocando ahora Lamento Hípico.*

> *En los 400 metros finales, El Valenciano a la delantera por medio cuerpo y entran en la recta final, segundo West Citizen, a un cuerpo afuera Lamento Hípico pasa al tercero; faltando 225 para el final El Valenciano medio cuerpo al frente.*

> *Lamento Hípico es fuerte a la parte de afuera en los 100 metros finales, Lamento Hípico pasa a la delantera. Se despega por tres cuartos de cuerpo. ¡Ganó por uno!*

Segundo El Valenciano, tercero Fly In The Soup, el cuarto de Mist Shadow. El resto atrás con Nieto Sebastián en el último lugar —puntualizó el cronista.

En base a su desafortunada participación en la que llegó en quinto lugar en la carrera clásica anterior de 1,400 metros, establecí cambios en el entrenamiento de *Lamento Hípico*. Reconocía que era un gran velocista, y con ello para este nuevo reto de 1700, tendría mayor fortaleza en los últimos metros.

Y no me equivoqué en mi decisión... *Lamento Hípico* a su arribo a la meta se llevó el título; era indiscutible.

Definitivamente, el caballo hizo una demostración extraordinaria. Corrió muy sereno los primeros metros colocado en sexto o séptimo lugar, hasta donde yo entendía haría su mejor presentación.

Esas fueron las instrucciones dadas al jinete y a partir de los 600 metros, comenzó su movida. Y fue constatable cuando en los últimos 400 metros hizo su mayor esfuerzo dándose el desplazamiento del grandioso *Lamento Hípico*, oficialmente declarado el ganador del Agustín Mercado Reverón, quien fuera un distinguido servidor público, y primer Administrador Hípico (en el 1960) de Puerto Rico.

A propósito, aquí el orden oficial de llegada a la meta de todos los competidores y sus respectivos montadores. En primer lugar, *Lamento Hípico* con Alexis Feliciano, obviamente.

El segundo, *El Valenciano*, Carlos Pizarro. Llegaron tercero, *Fly In The Soup* y Juan Carlos Díaz. El cuarto turno lo tuvo *Mist Shadow* con Andy Hernández. *Market Prospect* con Edwin González, llegaron en quinta posición. Le seguieron *West Citizen* y Edwin Castro (sexto).

Al mismo tiempo, *Caribe Slam*, Joel Cruz; *Grayson*, Anthony Salgado; y *Nieto Sebastián*, al sillín Josué Marcano, ostentaron el séptimo, octavo y noveno lugar, respectivamente.

Nuestro dosañero de 1,180 libras, dominó por segunda vez a *El Valenciano*. Incluso, conquistó al favorito del público apostador, *Fly In The Soup*, que ocupó la tercera posición, llevado por el líder jinete, Juan Carlos Díaz, quien tiene más de cinco mil carreras y tentadoras ofertas para montar en el extranjero.

Sin duda, esos corredores fueron cabalgados por versados caballistas, pero nuestro equipo no se quedó atrás. ¡Fue el mejor dueto!

Entre otros datos, que por su parte también Joe Bruno publicó sobre la competencia, fue que nuestro campeón había "cronometrado, un minuto, cuarenta y siete segundos y treinta y cuatro centésimas para los 1,700 metros" de distancia y los fraccionales o tiempos parciales de la carrera, a ¾ de milla: 1:14.63, a ½, 50.01 y a ¼, 25.27.

700Mts.
Establo: Vagabundo
Entrenador: J. García Ronzino
Jockey: Alexis Feliciano

CLÁSICO AGUSTÍN MERCADO REVERÓN
LAMENTO HIPICO
2- El Valenciano
3- Fly In The Soup

Tiempo: 1:47.34
7maCarrera
18 de dic. 20
Premio:$87,465.0

Reconfirmar la superioridad de este ángel sin alas, me hizo sentir dichoso. Se apuntaba su segundo Clásico en tres meses. Inequívocamente, me llenaba de orgullo y complacencia, lo que presentí desde la primera vez de nuestro encuentro.

El primer lugar mostrado en la pizarra electrónica era resultado del tesón. Sin embargo, ¡su triunfo no me sorprendió! Supe de su calidad desde un principio. Se compró como campeón, y así lo demostró. Estaba tan seguro de ese corcel y de la pasión indescriptible que provocaba a todos viendo su desarrollo en los postreros metros.

Fue ahí cuando, en un abrir y cerrar de ojos, mi pulso aceleró y el corazón comenzó a palpitar con mayor intensidad sonrojándose mi rostro. También troné los dedos, ¡me quedé sin uñas…! me apreté las manos, un contraste entre frío y calor recorrió todo mi cuerpo ante la expectación. La adrenalina se me subió al máximo y el corazón parecía estallar dentro de mi pecho de manera inexpresable. ¡Poco faltó para entrar a la pista y correr junto a él…!

Así reaccioné a su tan anhelado éxito observando su tren de competencia, el mismo que siempre había imaginado y aspirado.

Lamento Hípico resultó ser el número uno, el vencedor que yo buscaba. El deseado para estas actuaciones. Y es que esa grandiosa llegada a la meta también ratificaba mis habilidades como entrenador de caballos.

Fue inevitable demostrarle mi afecto y admiración dándole nuevamente un tierno beso en su cuello al recibirlo de manos del mozo de cuadra, "Mapo". Este se mostraba risueño, evidenciaba el estado emocional de todos: felicidad.

Allí en el Área de Ganadores, guiado por su jinete, le colocarían la colorida guirnalda de margaritas blancas, amarillas y rosadas que engalanaba su hermosura y corpulencia.

No se hizo esperar la entrega de trofeos, la toma de fotos enmarcando el glorioso momento con los principales protagonistas del Clásico: caballo y jinete. En otras, se unieron orgullosos a *Lamento Hípico* y a Alexis Feliciano, personalidades de la hípica, Alex Fuentes, este servidor, Luis Arena (DEP), también amistades del propietario, don Edwin Sánchez.

Lamento Hípico fue llevado a los análisis correspondientes para corroborar que todo estuviese en orden. Minutos después, ya refrescado, esa belleza entraría a su jaula en la cuadra recibiendo la atención debida tras su cuarto laurel de un total de ocho apariciones en la pista de carreras.

Participamos en las entrevistas conducidas por los famosos periodistas del hipódromo relacionadas con nuestro triunfo, las impresiones de la carrera y algo sobre los contrincantes. Todo continuó su curso hasta finalizar el cartel o Programa de Actos.

Así culminaba su espectacular día con una premiación de $87,465, con el sesenta por ciento correspondiente por su consecución en favor del establo Vagabundo y como pago por el esfuerzo de todos.

Hay que enfatizar que, en esta edición del Clásico Agustín Mercado Reverón, el jinete, Alexis Feliciano, ganador de la Triple Corona (con *Vuelve Candy B*) se alzó con la victoria clásica número cien en su desempeño profesional, ocupando el tercer lugar montando en esta categoría.

Este triunfo lo uniría a su extensa lista de reconocimientos. Entre estos, haber sido el primer jockey en alcanzar las dos mil carreras en Puerto Rico, ganar un Clásico del Caribe y la Copa Dama del Caribe.

Por mi parte, mientras iba de camino al establo, algunos me felicitaron al verme con otro galardón en mis manos que representaba mi tercera victoria clásica como entrenador en Puerto Rico. Fue agradable cambiar impresiones con su dueño, ya en un ambiente más sosegado, jubilosos y optimistas.

Más adelante, fui a casa de amigos en el área de Santurce. Estos fieles adeptos se mostraron alegres por mis destrezas. Se dejaron llevar por "mi orejita" por lo que también ganaron. Para celebrarlo, me invitaron a cenar, siendo un acercamiento que no rechacé.

En este convite, obviamente revivir instantes de la contienda donde *Lamento Hípico* doblegó a sus rivales fue el tema de obligación sentados a la mesa. En ella, lógicamente, el trofeo ocupaba el centro de la atención.

Retorné a mi hogar antes de las once de la noche. Dispuse el galardón justo al lado de los dos que había ganado antes.

Realicé mi rutina personal y aunque agotado, contesté algunas llamadas relacionadas con este triunfo y repasé mentalmente la agenda a cubrir al día siguiente y los subsiguientes.

Evidentemente había transcurrido un día vigoroso y productivo. Así lo agradecí a Dios antes de conciliar el sueño, ya pasando la medianoche.

La alarma del reloj sonó a las cuatro de la madrugada... Aunque había dormido poco, me sentía renovado.

Los cantores naturales me dieron su acostumbrada bienvenida hasta la llegada del sol ya estando en el óvalo.

Por consiguiente, de nuevo comenzaría la faena de este entrenador de caballos de carreras en otro día ordinario, que prometía hacerlo mucho más extraordinario...

*J*inetes, caballos y un solo corazón en la victoria

Fueron tantos los días que disfruté en el hermoso Laurel, uno de los hipódromos ubicados en el estado de Maryland, y en cualesquiera de los otros recintos que recorrí en los Estados Unidos, cuando residí por cierto tiempo después del 2012.

En esos campos deportivos donde las actividades, como las competencias de caballos de carreras, acogen a miles de personas fanáticas, conocí gente buena. Con ellos pude establecer y mantener en la distancia afectivos lazos de amistad gracias al hipismo. A otros, dados sus ejecutorias profesionales, por referencia también siento conocerlos y admirarlos.

Entre ese grupo inmenso que compone la industria del deporte hípico, se destacan los jinetes. De estos, siempre he admirado su habilidad y compromiso con esta disciplina, un deporte que incluye riesgos.

Como deportistas, su régimen de ejercicios para mantenerse en forma y peso implica sacrificios y dedicación. Esto, para gozar de óptimas constituciones físicas que le permitan contener al caballo, animal que lo supera por mucho en peso y estatura, y guiarlo hasta cruzar la meta velozmente durante la carrera.

Para eso, precisa acudir en las mañanas a galopar y desarrollar un vínculo con el equino, conservar su condición y dominio del apero previo a la competitividad. Así las cosas, con su práctica confirma su monta en las tardes optando por los premios.

Son un binomio. Su junte lo disfrutamos todos. El jinete llevará las sedas del establo al que personifica, además de su casco, botas, gafas y fuete. El corcel, según determine el entrenador, llevará los aperos, como gríngolas y otros aparatos necesarios para su mejor rendimiento en la pista. Ambos parecen inquebrantables. Lucen armoniosos, fuertes y capaces.

Mencionar a todos los jockeys sería imposible, aunque algunos nombres afloran en mi memoria. Recuerdo la emoción cuando, por ejemplo, se anunciaba el *raider up* para los caballistas de inmediato irse al sillín de sus ejemplares y salir con los competidores.

Mientras, a lo lejos sonaba el clarísimo de trompeta, acordes con los que comenzaba el desfile hacia la enorme gatera de donde arrancaban con gallardía.

Es así como llega la figura del exitoso Víctor Carrasco, quien continúa en este hipódromo con la tradición de los buenos jinetes nacidos en Puerto Rico. Otro es Jevián Toledo, ya con mil victorias, siendo uno de la camada del 2013 que han resultado fabulosos. Igual pasa con Xavier Pérez, quien también es puertorriqueño. Todos ellos, siempre tan interesados en demostrar su gran tesón y compromiso deportivo.

De igual forma, está Márquez, Jr., otro más de ascendencia borincana que nunca se doblega en carrera; tampoco lo hace Cintrón, porque similar lleva en su sangre al coquí luciendo con voluntad y determinación en cada una de sus participaciones.

En el hipismo, como en cualquier otra disciplina, confluye mucho talento extranjero. En ese sentido, aludo a los argentinos Ruiz, un ágil competidor y Horacio Karamanos, en cuya personalidad predomina la gentileza

y ostenta una destacada actuación en el óvalo. Del mismo modo, Julio Correa es muy capaz ejerciendo esta labor.

Por su parte, Avery es un rival que no quiere derrochar la oportunidad cada vez que sale a montar a su equino.

Por sus acciones están dispuestos para ganar Hamilton, McCarthy y Sheldon. Los tres americanos, «todos, huesos difíciles de roer», siempre he pensado de ellos. Igualmente, de los latinos Víctor Rosales y Rosario Montanez, quienes dan el máximo en sus ejecutorias y figuran entre los favoritos de los fanáticos hípicos.

El deporte del hipismo también se nutre de la competencia colombiana. Así las cosas, no puedo obviar al jinete Julián Pimentel, quien participó del Kentucky Derby en su edición 145, y ostenta varios logros en otras categorías.

Del área caribeña es un honor nombrar a mi compatriota, JD Acosta. Este jockey es de grata personalidad, quien además de dominar en la hípica y ganar su primera carrera en el West Virginia Futurity en el 2002, es un competente boxeador.

Es meritorio señalar que en este deporte también se destacan las féminas jinetes, tan buenas como su contraparte masculina. Y, entre las jockettas recuerdo a la boricua Carol Cedeño, líder en el hipódromo Delaware Park, exitosa en su carrera hípica.

Otras amazonas sobresalientes en este acontecer han sido: Rebeca, Boyce y Lapaustina, de origen estadunidense. Por sus destrezas y empeño luchan por dominar en la competencia.

En este deporte, ver los caballos, junto a sus jinetes, listos para competir luego de ser preparados, despierta emociones desde antes de arrancar. Definitivamente, mucho más conmovedor es cuando avanzan en la última vuelta. Asimismo, aproximarse a la recta es una intrigante sensación de estas pruebas.

Su condición para participar en estos eventos tiene que ser óptima. Por eso se les cuida y se les entrena con cuidado, dedicación y con el mayor respeto por su especie. Es que al corcel corresponde el mayor esfuerzo para salir victorioso; al montador, guiarlo con devoción a todo galope para llegar a la meta, la parte más apasionante de la carrera.

En realidad, las carreras de caballos son tan reñidas, como excitantes. Por las capacidades de sus incumbentes, todos tienen la oportunidad de ganar, de ahí la razón por luchar para obtener una conquista indudable. Sin embargo, solo un equipo, el que realice mejores técnicas o maniobras, alcanza ese propósito cuando acabe el recorrido de la distancia determinada.

Al mismo tiempo, el público fanático desde las gradas contribuye al entusiasmo, dejando escapar todo tipo de avivamiento. Esas incontrolables agitaciones o estímulos que se multiplican y forman parte de este proceso. Los seguidores gritan, aplauden carrera tras carrera. Unos a otros se abrazan aun sin conocerse, otros saltan de sus asientos, algunos usan binoculares para no perder detalles del momento triunfal del dúo dinámico al que se apuesta antes de salir a la pista.

Yo, como desde niño soy un fogoso de los caballos, no ceso de pedir al cielo que gane mi favorito cuando la adrenalina recorre todo mi cuerpo.

Todo eso, a pocos segundos de acabarse el evento. Es, exactamente, cuando los jinetes pegan a los corredores por un costado buscando hacer el último esfuerzo aproximándose a los restantes metros del codiciado final. Ahí, cuando la declaración a viva voz del narrador anuncia al vencedor que con hazaña llegó primero a la meta y otro premio suma a su lista, cual joya de la corona.

De principio a fin, la gran afluencia pública es buen indicio en el hipódromo. La calidad de caballos y jinetes motiva a los amantes hípicos con grandes expectativas a probar suerte en las apuestas. Es su deseo obtener un pago o dividendo excepcional y salir victoriosos.

Es esa la actitud que, conociendo a los gallardos personajes, ya sean nativos o extranjeros, de todo un equipo de trabajo, de la concurrencia interesada en pasar un buen rato, y de la industria del hipismo que con voluntad aporta al éxito de las vibrantes carreras de caballos, en las que se viven emociones indiscutibles.

*S*oy "*M*anos Benditas", entrenador de caballos de carreras

Desde pequeño desarrollé un gran afecto por los caballos. Este noble animal de fuertes extremidades, se volvió parte de mi vida cotidiana llenándola de regocijo en el pueblo donde me crie, San Juan de la Maguana, en la República Dominicana. Y así como ha sido parte de la historia del mundo, el caballo también ha sido parte de la mía.

Este inteligente mamífero domesticable, era una costumbre en las actividades de entretenimiento en la vecindad de mi infancia y sus alrededores. Junto a su acompañante, el jinete, se convertían en los grandes personajes en las ferias o las fiestas patronales. Con ellos nos divertíamos saboreando golosinas durante varias horas del día.

En las referidas actividades también se disfrutaba de las corridas de sortija. ¡Qué emocionante era ver al jinete sobre el lomo del caballo a todo galope y ensartar un aro! El reto era anhelado por muchos y por pocos logrado, aun así, todos los presentes aplaudíamos durante la tradicional presteza.

A estas atracciones, se añadía la cabalgata. Era algo único, incomparable ante mis ojos, y para todos los niños y los jóvenes que en ese momento nos atrapaba como fantasía.

En esas salidas especiales con la familia, aumentaba la admiración viendo al hombre coexistir a la montura de este temperamental animal. A otros, distinguíamos desde lejos transitar por las calles al lado del caballista hasta llegar a la celebración.

A los 16 años me fui a vivir a la capital, Santo Domingo, para iniciar los estudios básicos para una carrera universitaria como arquitecto. Pero el destino tenía otros planes conmigo. Decidí dejarlo todo por seguir mi pasión: los caballos de carreras, de esos que corren una distancia ya determinada en el menor tiempo.

De ellos quedé prendado. Y es que su constitución física, la crin, rabo extenso, su garbo, su imponente elegancia, su resistencia me cautivaron de alguna manera que, hasta el día de hoy, se adueñaron de mí desde que era un infante.

Llegué al Hipódromo Perla Antillana a mis diecisiete abriles. Este lugar había sido construido en el 1944 y ubicaba en el espacio hoy ocupado por el Hospital General de la Plaza de Salud en la capital.

Cuando mi padrastro me llevó a ver unos caballos de su propiedad, eso despertó mi entusiasmo y brotó la nostalgia producida por los *ponies* de las ferias en mi niñez, siendo inevitable compararlos con los que tenía ante mis ojos. Quedé maravillado. Desde ese momento, comencé yendo al hipódromo con frecuencia...

Simultáneo, era costumbre como actividad en el colegio padre Guido Guildea, donde hice mi primaria y bachillerato, convidar a los estudiantes para conocer a un médico y relacionarse un poco con la medicina.

Acepté la invitación y tuve el privilegio de ser practicante en el Hospital Municipal de San Juan de la Maguana, donde permanecí por seis meses. Ahí, según las disposiciones médicas, estuve a cargo de las curaciones a los pacientes con úlceras o llagas, heridas, lesiones y quemaduras.

"Eres bueno en esto". "No sientes náuseas ni mareos, tampoco tiemblas". "Tienes buen temple". "Haces buenas curaciones". "Tienes buenas manos". Eran las expresiones de quienes me alagaban. Incluso, los campesinos a quienes curé me traían regalos días después en agradecimiento por la sensibilidad de mis atenciones con ellos o algún familiar convaleciente.

A finales de la década de los setenta, sin haber completado mis estudios universitarios en arquitectura, decidí hacer un curso o taller sobre Medicina Veterinaria Práctica y la experiencia adquirida en el hospital, me resultó más que beneficiosa desde ese entonces hasta la actualidad.

Para aquel tiempo, mis visitas al hipódromo se volvieron diarias pues era el lugar donde mejor me sentía, aparte del hogar de mi abuelo Dante, quien se dedicaba al comercio en San Juan de la Maguana. En una ocasión, ayudé en la curación de un caballo. *El Limeño*, tenía un tendón desgarrado y una llaga enorme en una pata.

Tras su recuperación, volví a escuchar los halagos anteriores de las personas a mi lado: "Tú tienes buenas manos para esto". "Lo hiciste bien".

Parecía que todo confabulaba… porque, a la vez, los caballos ya me iban atrapando de tal manera que, a los diecinueve años compré mis primeros dos ejemplares. El amor sentido hacia estos animales, redirigieron mi rumbo.

No fue suficiente disuasivo o intimidante el accidente  que previo había sufrido, un 24 de junio durante una cabalgata en la celebración de las fiestas patronales en honor a san Juan Bautista. El caballo que montaba se desbocó y caí lastimándome ambas rodillas. La recuperación duró tres meses convaleciendo en cama.

Así las cosas, tan pronto pude, en el 1979 me adentré en ese ambiente sorprendente en el que tuve la oportunidad de convertirme oficialmente en entrenador de caballos de carreras, ganando en muchas competencias, a su vez, perdiendo en otras.

Aunque me molestaba fracasar, ello no minaba mi entusiasmo y dedicación por este deporte que, al cabo de tantos años todavía me resulta apasionante y prodigioso. Al menos, perder me servía de aliento para intentar nuevamente el éxito en este cometido. ¡Y deseaba tanto triunfar!

En toda mi trayectoria profesional de más de cuarenta años, aunque haya gente que alegue no conocerme, sin parecer jactancioso, he contado con el privilegio de disciplinar caballos de los mejores establos dentro y fuera de mi país. Todos ellos, con una historia que contar junto a mí.

Gracias a ello, he preparado varios ejemplares de gran pedigrí, altivos, veloces, purasangre que enaltecen su buen linaje. Físicamente son caballos de dorso ancho y recto, espalda profunda y musculatura desarrollada, que han hecho extraordinarias actuaciones en la pista, consiguiendo muchas victorias.

Asimismo, me ha tocado alguno que sirve como excelente semental, porque se haya descartado para el menester de correr.

De igual forma, caballos en frágiles condiciones físicas he atendido con toda mi tenacidad hasta verlos demostrar su buen desempeño en las carreras.

Ahora me es impreciso calcular el número total de los grandes equinos que he manejado, siendo natural por el tiempo transcurrido. Pero, en verdad, tengo muy definida la bendición de que pude contar con el apoyo de don Papo Santana, el propulsor del registro de potros nativos en esta Antilla; de estar considerado un buen entrenador de caballos de carreras y que mi nombre haya formado parte de los primeros diez Entrenadores en la Estadística del Hipódromo Perla Antillana.

En todo este caminar, jamás confundí a un caballo por otro, porque conocer detalles de cada uno, es parte de la disciplina en este proceso. Además, se conoce al animal por, obviamente, el nombre y la rotulación de las jaulas, por sus identificaciones o huellas personales, color, tatuajes y números. También, para más fidelidad está el *microchip* que se les implanta bajo la piel.

Por otro lado, siempre gané legalmente con todos los caballos, por lo que jamás he sido señalado por competencia desleal o el uso de ayudas artificiales.

Y con sinceridad, recibir el reconocimiento a mi labor, especialmente de la persona para quien trabajas es importante. Igual es la paga puntual por las victorias logradas.

Es así como recuerdo que inicié mi carrera en el Perla Antillana con un caballo llamado *El Huerfanito*. Fue mi primera adquisición por setenta y cinco pesos dominicanos para esa época. Era de pelaje negro como la noche, de poco tamaño y considerado por muchos un "penco", o sea, "no servía" o era "de mala calidad", según definido. Este no había rendido buenas participaciones. Sin embargo, para mí dio frutos.

Con la preparación debida, haciendo todo lo posible según mis conocimientos, lo convertí en un caballo útil. Con él experimenté mi primera victoria personal en el referido Hipódromo.

Luego, adquirí y atendí a *Corrosiva*, yegua codiciada por todos, pero dichoso al fin, solamente ganaba bajo mis cuidados, resultado que a unos cuantos intrigaba. Fue sencillo, supe establecer una sintonía con ella.

Durante esa etapa puedo nombrar a *Comandante Cero*, que fue reclamado por un ingeniero para que yo lo entrenara. Con esos resultados surgió una que otra oportunidad para atender algún nuevo ejemplar.

De esta manera, comencé a doctrinar caballos, siendo *So Nothern*, uno de ellos con comportamientos particulares que supe amoldar.

De hecho, en el 1984 corrió un caballo al que pusieron por nombre *J Ronzino,* porque ante un gran reto, lo curé de un tipo de sarna en su lomo.

En el transcurso, mis capacidades fueron desarrollándose y las personas comenzaron a requerir mis servicios profesionales como el preparador de sus adquisiciones en el hipismo.

La gran cuadra David, fue la primera en hacerme el acercamiento. Esta, dentro de su caballeriza contaba con dos caballos indóciles que instruir.

Uno, era la yegua más hermosa que había visto hasta entonces en una finca, semejante a una reina y tenía por nombre *Chispita*. Cuando fuimos a buscarla, en el trayecto hacia el hipódromo estaba muy inquieta y cayó a la carretera. Sufrió de raspones por todo su cuerpo. Con mucha destreza la subimos a la camioneta. Evoco, que, a pesar de su rebeldía, fue fácil domarla, dejándose dirigir, tras recuperarse a pocos días.

Con ese ejemplar, estuve cercano a ganar el Poolpote. Es decir, aspiraba a ser el único jugador dominicano acertando las seis carreras, logrando llevarse todo el dinero acumulado. Pero no pudo ser, y siempre culpé a la pésima monta del jinete, W. Canela. Fue la oportunidad que aprovechó el contrincante *Chivo B.* y su jockey pasando a la delantera. Y yo, aquí sigo….

Daga de Acero, también a mi cargo, fue un engreído. Solo permitía a su lomo a la jocketta Felicia Leclerc, quien, tras cuarenta años de profesión, se mantiene activa en este deporte.

Al poco tiempo de incursionar en el hipismo, contando con veintiún años fui reconocido como Entrenador Novato del Año, laborando para la mencionada cuadra en el Perla Antillana.

Ya con esa honrosa distinción, estuve a cargo de *Yabureibo*, caballo de mi propiedad convertido en campeón de las carreras de dos mil metros. Luego, vinieron otros equinos con los que simplemente tenía la magna oportunidad para demostrar mis habilidades en este rol.

Otra anécdota como ejemplo de esto fue *Alva Roja* (cuyo nombre era una combinación de los apellidos de sus propietarios).

La alimentación es clave en todo caballo para ostentar buena condición física. Pero esta yegua de quien les narro carecía de buenos hábitos alimenticios, por consiguiente, era flaquísima. Afortunadamente, con gran astucia, la atención, el cariño y la paciencia suficiente para cuidarla, se puso en forma y trajo el triunfo para todos. Tanto así que, pude ganar mi primera victoria clásica: *Gulf and Western*, o el Clásico Central Romana para Potrancas. Precisamente, este evento, aunque en la actualidad no se concreta, fue establecido para estimular que los dueños de caballos compraran potras.

Tras este logro, recibí grandes elogios y adulaciones. Así siguieron las victorias y vítores hacia este servidor dentro del excitante mundo de las carreras de caballos y las apuestas o jugadas hípicas. Por esas acciones y mi manera de tratar a los caballos, nació una nueva forma de referirse a mi persona. Me nombraron: "**Manos Benditas**".

Sobre este particular, les explico. Circulaban comentarios que todos los caballos que desfilaban bajo mi entrenamiento sanaban y se convertían en ganadores. Esto, porque cuando un caballo no rendía lo esperado o era desahuciado por un veterinario, en algunos casos, yo me dedicaba a recuperarlo hasta ponerlo en carrera.

Así salvé a muchos equinos del sacrificio: la eutanasia o muerte por necesidad. Claro, que esto me causó roce con esos profesionales, pero teniendo el consentimiento del dueño del establo, a "moribundos" curé, atendí y di otra oportunidad para competición porque yo creía aun en su capacidad.

Otro extraordinario ejemplar que me brindó el gozo de exponer cómo se maneja desde su primer entrenamiento hasta el triunfo en la carrera, fue el divino *Silver S.*, que terminé de criar junto a su potentado.

Este rosillo hermosísimo, fue ganador en múltiples carreras y varios Clásicos, valiéndole el título de: Caballo Más Ganador del Año, Caballo Joven Más Ganador de Clásicos y Mejor Nativo del Año.

Era evidente que cada día me esmeraba en hacer un buen trabajo, porque me gustaba. Por las habilidades adquiridas también tuve en mi jornada a otros grandes competidores, entre estos *Indhyjoenki y Azúcar.*

Además, conté con la gracia de trabajar con *Bonus Award.* Este caballo en la actualidad mantiene récord de los 1,300 metros en la pista de la hípica dominicana.

No obstante, lastimosamente carecemos de esquemas que midieron el rendimiento profesional de mis colegas y el propio, en el desaparecido recinto de Perla Antillana, donde tuve grandes logros hasta su cierre.

A la sazón, desde su inauguración en abril de 1995 hasta el 2003, ejercí en el Hipódromo V Centenario, localizado en la autopista Las Américas del sector Santo Domingo este. Me enorgullecía que se abrieran las puertas para los amantes de este deporte los martes, jueves y sábado, sus días regulares de carreras.

La icónica estructura dispone de más de tres mil asientos en sus gradas y otras facilidades para la familia hípica. En este recinto, luego de días de preparación, vemos a enérgicos caballos y capaces jinetes competir mano a mano con otros en carreras regulares o clásicas.

En esa instalación, también sentí y expresé mucho agradecimiento por los dueños de varias cuadras, como David, L y R, Santanita, Sanson's, Candice, Sport Man, Candelero y otros que confiaron en mis destrezas.

Cabe mencionar que en la cuadra Peñuelas fue mi último año como entrenador de caballos de carreras en Santo Domingo, ganando la estadística de los establos y varios Clásicos en el referido óvalo.

También participé en varias versiones del Clásico Kalil Haché. Era un estelar y retante evento que se había convertido en el de mayor relevancia o importancia en la hípica nacional desde sus inicios en el Perla Antillana. Muy a mi pesar reconozco que la llegada a la meta de mis ejemplares, en segundo y tercer lugar, frenó saborear ese triunfo.

El Clásico tuvo su origen en el 1984 en decoro a este coronel, Kalil Haché (tercero a la izquierda). El exjugador de polo, quien falleciera en marzo del 2020, fue fanático del hipismo.

El colorido programa organizaba desfiles, competencia de los caballitos yeyé, las carreras de burritos y los saltos de paracaidistas que descendían hasta el centro de la pista. Formaban parte de este, además, las carreras de sacos, payasos, golosinas, típicas bandas musicales, entre otras atracciones gratuitas de sano entretenimiento familiar.

La última versión del Clásico Kalil Haché fue realizada en el 2016. Ya para esa fecha y otras anteriores yo me encontraba fuera del país.

En esta travesía como entrenador de caballos en Santo Domingo, hubo la aguerrida, pero respetuosa competencia profesional con otros colegas. Entre estos, Eugenio "el Monstruo" Dechamp y Rafael "el Babalo" Ramos.

Transcurrido un tiempo, fue triste apartarme de mi familia, de mis abuelos, de algunos amigos, pero confiaba en el cambio y en la buenaventura y para mediados del 2003, partí hacia Puerto Rico. En Borinquen me desempeñaría en esta faceta en el único hipódromo que tiene esa isla, Camarero, en el municipio de Canóvanas. Durante varios años brindé mis servicios profesionales para varios de los propietarios de productivos establos.

Puedo mencionar a Luis Morales, de Villa Real, Wilfredo Álvarez, de Dora Alta; Luis Emanuelli, de Capetillo; Edwin Sánchez de Vagabundo; Juan Rivera, de El Euro; y de Carlos Oyola, ambos con igual nombre.

En ese periodo, siendo amigos en lo personal, profesionalmente existía la competencia entre entrenadores. En ese renglón figuraba Sammy García, Máximo "Achi" Gómez, Ramón Morales y el compatriota, José "el Pirata", Jiménez. Todos ellos con buenos caballos y establos de renombre con una larga lista de eventos ganados.

El programa del hipódromo contenía tandas de carreras de miércoles a domingo, además de los lunes feriados. De estos, el domingo estaba considerado el día de mayor actividad hípica, ya sea en asistencia al lugar, en la práctica de jugadas en agencias hípicas, o mediante sistema electrónico. Este medio, las máquinas de videojuegos para adultos, es el modo más moderno y tecnológico que genera buenos ingresos a esta industria.

Igual era el día en que mayormente desde tempranas horas, recibía llamadas de amigos que, en busca de la suerte, solicitaban una "orejita", esos ciertos datos o recomendaciones de caballos que pueden ganar en cada carrera.

Así, todo fluía según lo acordado, hasta que el incumplimiento con las cláusulas y condiciones contratadas por las cuales pisé suelo boricua trastocó mi posición a los pocos meses. Por esas desavenencias y para no quedarme desempleado, tuve que realizar labores, pero como mozo de cuadra para otra caballeriza, Villa Real.

Allí era deber encargarme de siete a diez caballos en mal estado físico, que ante los ojos de otros pudieran considerarse "acabados". Entre otras tareas, no rehuí a limpiar sus jaulas, ni a sacar toda la viruta llena de su excremento en el suelo.

Los alimentaba, bañaba, paseaba, porque inclusive, entrenarlos para las carreras sería, a su vez, mi responsabilidad. Esa encomienda me agradó y mantuvo motivado.

En las circunstancias descritas encontré a *Texas Time* y a *Typical Pryde*. Con el primero, dándole esmeradas atenciones y bien acondicionado obtuve mi primera victoria ordinaria en Puerto Rico. El segundo, a pesar de su incontrolable problema de sinusitis, del cual mejoró, dominó en algunas carreras, sumando triunfos a mi reputación.

Ya con esas secuelas, recibí los cincuenta y dos caballos del establo y retomé las funciones como entrenador de caballos a tiempo completo. Entonces, entre esos ejemplares, pasé a convertirme en el preparador de la descendiente de *Pioneering*, la potranca tresañera *Pioneering Bird*.

Con esta yegua y Juan Carlos Díaz a su lomo, el 5 de abril gané el primer Clásico Junta Hípica de 2009 en Puerto Rico para el establo Villa Real. Y ganar me llenó de orgullo.

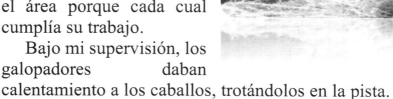

Con el apoyo de la mano de obra o del personal cumpliendo con su deber, todo destilaba para bien en el área porque cada cual cumplía su trabajo.

Bajo mi supervisión, los galopadores daban calentamiento a los caballos, trotándolos en la pista.

El mozo de cuadra, además de la limpieza de la jaula, estaba encargado del cuidado del caballo, es decir, del aseo y cepillado. Proveía de agua y de la alimentación, que según la dieta podía incluir: pastura de calidad, heno, avena, linaza, alfalfa, maíz, zanahorias.

Por su parte, responsablemente el médico veterinario con licencia certificaba al propietario la condición óptima de salud del ejemplar ante cualquier evento a participar. Esto es, que evaluaba al caballo para su competencia. Velaba alguna lesión o si requería de una operación, si sangraba por algún esfuerzo, si mostraba calentura, gripe o problema con la dentadura. También el galeno lo medicaba, vacunaba o desparasitaba, sin limitarse a estas funciones de ser necesario.

Y en lo que a mí respecta como entrenador era la persona llamada para domar al caballo. Con mis conocimientos correspondía llevarlo a una forma cabal, óptima, de manera que realizara determinado comportamiento cuando le fuera requerido. En otras palabras, entrenarlo de manera útil según los propósitos humanos, en este caso: las carreras de caballos. No obstante, ante todo, es importante y necesario crear un vínculo entre hombre y bestia. Por eso, entre ambas partes se pretende desarrollar la confianza que logre alcanzar los objetivos establecidos.

Entre estas enseñanzas, por ejemplo, me incumbía disciplinarlo para que su monta fuera segura. Domarlo para habilidades básicas, desde temprana edad si fuera un potro, o reforzarlas adecuadamente. También era sustancial poco a poco lidiar hasta acostumbrar al caballo al equipo básico que usará eventualmente. Y es que, parte del entrenamiento además de cronometrar su desempeño y evaluar cómo recorre la distancia, demanda adaptarlo para llevar en su cuerpo el ensillado, y con esto, la presión que eso provoca en su abdomen.

Igual, entre otros aspectos que vigilar, hay que adaptarlo a las bridas, al frenillo, a las riendas o cualquier otro aditamento necesario.

Como entrenador, además coordinaba otras tareas colaterales, como ejemplo, la compra de alimentos con los suplidores, o con el herrero la colocación de herraduras en las pezuñas del caballo.

Del mismo modo, en mis funciones primordiales está determinar cuál era el plan para seguir con cada ejemplar. Para lograrlo, era esencial para mí, mantener un expediente o récord con apuntes de cada uno. Esto, me colaboraba en la responsabilidad de velar por su buen desempeño y bienestar.

Claro, partiendo siempre de la individualidad de los caballos y detectadas sus habilidades.

Por eso, durante su entrenamiento, me preguntaba: ¿qué quiero conseguir con este caballo? ¿Qué estrategia desarrollar? De ahí, partiría básicamente el conocimiento para determinar la preparación ideal para que corriera determinada distancia sobre la pista.

¿Quiero velocidad? Es decir, entrenar al caballo para que tenga un buen cometido recorriendo distancias cortas, de 1,000 a 1,200 metros.   ¿O pudiera preferir resistencia? Entonces, decidiría entrenarlo para que tenga el aire suficiente para correr a toda velocidad y aguantar la distancia intermedia entre 1,300 a 1,400 metros.

Si determino fondeo, para ello me encargaría de preparar al equino para un desarrollo efectivo corriendo distancias largas, que fluctúan de 1,600 metros en adelante.

Así las cosas, dentro de mis capacidades, tuve también el honor de trabajar con *Estrellero*, un excelente caballo, triplecoronado, o sea, había ganado tres clásicos consecutivos a sus tres añero, en el 2001, con la salvedad que su situación en el momento que me ocuparía era distinta.

Este daba de qué hablar como parte de su historia hípica, pues lo habían sacado de la pista en el 2004 y llevado a la finca como un padrote. Sin embargo, en un momento regresó al establo Dora Alta porque ya no fecundaba como se esperaba. En esa instancia específicamente estuvo bajo mi acoplamiento en Camarero.

JOSÉ GARCÍA RONZINO
ENTRENADOR DE ESTRELLERO

Estrellero estaba en buenas condiciones. Recibió el entrenamiento que, por lo general, se les brinda a los caballos que venían de la finca para domesticarlos de manera paulatina. Por ejemplo, entre las actividades, fue llevado a la piscina del hipódromo dos veces por semana, y a joguear a la pista conducido por Cuqui Santiago.

El ejemplar exaltado en el 2006 no presentó contratiempo alguno durante su acondicionamiento en este recinto. Aunque la expectativa era de varios meses, luego de un corto tiempo, recomendé a su dueño, Wifredo Álvarez, quien siempre tendría la decisión final, reincorporarlo a la finca. Yo estimaba que faltaríamos el respeto al caballo de catorce años. Por eso *Estrellero* no volvió a correr. Además, un dato de importante consideración: los fanáticos hípicos tampoco avalaron la acción de ponerlo a correr oficialmente contando ya con esa edad.

Sobre este particular varios medios informativos cubrieron la noticia del caballo. A estos sostuve que, tanto en la finca como en el establo, *Estrellero* siempre recibió cuidados esmerados, sin dejar de ser un reto profesional para ambos o para todos.

Y es que, hay que destacar que el periodo óptimo para un caballo desempeñarse en las carreras oscila entre los tres a seis o siete años, aunque su expectativa de vida sea entre veinticinco o más.

Transcurrido un tiempo, comencé labores para el establo Vagabundo. Como sucede en este ámbito, en interés de conseguir un buen ejemplar, un sábado, su propietario don Edwin Sánchez, y yo nos dispusimos asistir a una subasta que presentaba el Hipódromo Camarero para incentivar el incremento en la población de caballos en las carreras celebradas.

Ese día, estando en el Área de Cuarentena, me deslumbró un potro de dos años en entrenamiento, que poderosamente llamó mi atención. Ante mis ojos quedó como un potencial campeón. El importado, provenía de buena casta. Su padre había sido un gran ejemplar que produjo tres millones al hipismo y sus crías corrían bien. Esos datos, por supuesto que son un buen augurio, pero no lo son todo....

Siempre he tenido la inclinación de buscar más allá de la constitución física en los caballos de carreras. Sus ojos y sus movimientos son lo primero que observo.

Asimismo, me dejo llevar por "el ángel" o "la aureola" del animal. Así describo a esa sensación que me inspira, ese "click" que trasciende, que está en su mirada, en su inteligencia, en su temperamento, en su actitud, la que detecto a simple vista.

Pues, toda su naturaleza captó mi atención, mi admiración de forma especial, vislumbrando de inmediato un caballo excelso, por el que ofertamos diecisiete mil dólares.

Su dueño, quien no se mostraba convencido en principio, pues estaba inclinado a comprar por ese precio varios ejemplares, finalmente aceptó mis sugerencias.

Por él fue bautizado como *Lamento Hípico*, aunque el potro así nombrado, por el contrario, trajo alegría y bienandanzas para todos en el establo Vagabundo y a este deporte.

De esta manera, la nueva estrella de luz, hijo del reproductor *Peace Rules*, formaría parte de la caballeriza donde esmeradas atenciones recibió, igual que los otros equinos a su alrededor que también albergaba.

Les cuento que mi percepción no me defraudó. El candoroso *Lamento Hípico,* de gran talento, le gustaba ser retado como todo un caballo gallardo.

No fue de extrañar su selección al Premio Camarero Dosañero Importado del Año. Al mismo tiempo, se convirtió en ganador de dos Clásicos en el 2011: el José Coll Vidal y el Agustín Mercado Reverón, celebrados en la Isla del Encanto.

Era un velocista natural. En su proeza, en poco tiempo, generó más de ciento cincuenta mil dólares en los meses bajo mi entrenamiento. Estos méritos fueron de los que mayores satisfacciones profesionales me trajeron en suelo puertorriqueño.

Del mismo modo, puedo identificar, a grandes rasgos, otros ejemplares a los que fue un placer preparar corrigiendo sus dolencias con especial atención.

Entre estos, *Michael Josué*, quien sufría de ataques constantes de epilepsia, pero mantuvo una gran condición para ganar carreras. Era un velocista, corría distancias cortas, pero no le gustaba galopar. Lo consideraba un poco indócil, por lo que "había que buscarle mucho la vuelta".

Inclub Pepper había sido desahuciado antes de estar bajo mi comando. En su nuevo chance, para su beneficio, recuerdo que tuvo varias presentaciones exitosas.

El caso de *Sedona's Peark*, fue correr en reclamos baratos de cinco mil dólares, sobresaliendo en unos cuantos eventos aun con sobrehuesos en sus nudillos.

El 31 de mayo de 2013, la importada *Anklet Key* obtuvo su primera carrera, luego de quince salidas. También ese mismo día, *El Cabus* se apuntaba la prueba, siendo *"su segunda salida del año y bajando al reclamo de cinco mil dólares frente a un grupo de no ganadores"*, se publicó.

Otro que recuerdo fue el campeón de varios clásicos, *Triano*. Con mis atenciones pude recuperarlo del problema en sus extremidades y dominó en diferentes carreras.

Sobre esta referencia, se decía que había recobrado la constitución física que lo llevaron a ser un triunfador. Estaba considerado "el segundo mejor importado que defendió los colores del establo Villa Real", según Joe Bruno reseñó sobre su muerte. En verdad lo era. Yo me congracié en poner mis conocimientos a su disposición.

Por su parte, *Milenario*, adquirido en Kentucky por una suma de cinco mil dólares, en ocasiones cruzó la meta dando satisfacciones. Sobre este, se reseñó en Prensa su victoria inicial.

> *El triunfo de Milenario ayer representó su primero de este año en su quinta salida y su tercero en trece presentaciones de por vida.*
> *Es un hijo del semental Cowtown, propiedad del establo Vagabundo y entrenado por José García Ronzino.*

En cuanto a *Airplay Boy* tenía problemas en los menudillos; repuesto, se anotó varias carreras vencedoras. *Pioneering Cac*, *Sibary Song* y un sinnúmero de caballos adicionales, que, teniendo condiciones particulares, bajo mis cuidados obtuvieron resultados célebres a su llegada a la meta. Quizás con alguno de ellos tras enfrascarse en el duelo, fuera necesario la *fotofinish*.

Como otra anécdota no tan dramática, puedo nombrar a *Dazzlie Me Darling*. La potranca, debido a un fuerte cólico que retorcía su vientre y la puso inquieta, me mantuvo en desvelo hasta la madrugada. Fue necesario caminarla muy despacito de un lado a otro por toda la cuadra hasta que se sintió mejor. Esa noche llovía a cántaros y yo terminé empapado… A su vez, recuerdo a *Wonder Girl*, que estaba siempre en celo, pero, controlada su circunstancia, fue como su nombre, una Niña Maravillosa. Se mantenía a paso firme hasta llegar a la meta.

Estimo que de acuerdo con estos y otros relatos que abarcan mi vida profesional, es que nació esta forma tan individual de llamarme "**Manos Benditas**". En verdad, que era fácil ganar con ejemplares totalmente en óptimas condiciones (como *Smiling Magician*, un potrazo que también preparaba para un Clásico), costosos, con buena línea de sangre. Difícil era tener a cargo para entrenar una caballeriza dislocada, que con demasiado esfuerzo y sobre todo fe en ellos, podías convertir en triunfadores. Por suerte, para caballos así, siempre estará Ronzino…

Con estas y otras limitaciones, durante mi compromiso logré un estimado de trescientos eventos de carreras. De estos, tres fueron clásicos importantes para la historia hípica puertorriqueña. A su vez, generé un ingreso aproximado de dos millones de dólares para las arcas de este deporte mientras permanecí en la Isla.

A pesar de eso, hubo momentos difíciles, ya que entrenar caballos conlleva mucha disciplina y vasto conocimiento. Si bien hubo triunfos, también derrotas, con las que recapacitaba e intentaba superar.

Con ellas, pronto aprendí que cuando se ganaba una carrera como parte del equipo humano de un establo de caballos, todos somos ganadores. No obstante, cuando perdemos, solo el entrenador es el culpable....

Era frustrante, además de perder, tomar decisiones que puedan oscurecer, entristecer el trabajo realizado con amor, dedicación y respeto a los animales, sin importar su especie.

Entrenar caballos es un arte, por lo que requiere dedicación, sacrificio, ahínco. Convergen las relaciones de todo el personal de la caballeriza, así como con el veterinario, el jinete y la pericia del entrenador para realizar el mejor trabajo de su parte persiguiendo el objetivo de ganar una carrera.

Reafirmo que a los caballos se les entrena como y para ser atletas, con la finalidad de que mejoren su rendimiento en cada competencia. Se custodian bien, se higienizan, se alimentan para que tengan un buen desempeño. Deben cuidarse siempre y mucho más, si de ellos depende el sustento de muchos.

En la hípica, que es una industria millonaria mundialmente en la que se realizan apuestas, no se maltrata al caballo, pero lamentablemente ocurren peripecias entrenando o compitiendo.

Es decir, el hipismo, por ser un deporte extremo, envuelve un riesgo, igual que en otras disciplinas. Y los incidentes o accidentes ─que pueden ocurrir en cualquier hipódromo, sin excepción─ era el momento en mi profesión como entrenador de caballos de carreras que me desgarraba el alma.

No solo por ver un jinete caer al suelo polvoriento o enlodado, sino observar con espanto que su cuerpo de 110 libras de peso es golpeado por un caballo que pudiera exceder las mil libras. O fuera arrastrado al punto de la mortalidad... en medio de una competencia o una práctica, siendo transportado en ambulancia hasta un hospital.

Sobre el particular, es memorable el fallecimiento del jinete Carlos "el Inspirado" Pizarro. Este, desgraciadamente ocurrió en el 2014 tras un aparatoso accidente en la pista del hipódromo. El triste hecho conmocionó a los seguidores de la hípica puertorriqueña.

De igual modo, me dolía cuando un caballo se lastimaba o lesionaba en la pista, si lograba salvarse de la herida, generalmente requería de cuidados prolongados, por ende, costosa su recuperación.

En la mayoría de las ocasiones, cuando un ejemplar se partía alguna extremidad, era inevitable su sacrificio. Y esto ocasionaba en mí un profundo pesar. Me ahogaba y quedaba carente de aliento personal si era irremediable la decisión final para acabar el sufrimiento del animal. «"Yo no trabajo para eso"» −tantas veces pensé.

Que se tomara tal decisión, hoy confieso, me deprimía por días porque había muchos elementos inmiscuidos. La responsabilidad profesional contraída con los demás era el eje en este camino y por eso aparentaba firmeza sintiéndome débil por dentro.

La situación narrada, emocionalmente me marcaba; me resultaba devastadora. Me afectaba tanto que un caballo se lastimara y le impidiera correr o peor, falleciera.

De esta manera surgían la frustración, la pena y la preocupación por la presión económica que podía acarrear para todos en un establo perder un caballo o mantenerlo con vida... porque de lo que trata este negocio es de preparar caballos para ganar, esos son los intereses. Y hay que elegir.

Es cierto que como entrenador es muy gratificante informarle a un dueño sobre los adelantos de los ejemplares en su entrenamiento matinal.

No obstante, nadie puede imaginar lo que se siente cuando era inevitable comunicarle al jefe, por ejemplo, que su caballo se rompió una pata o tuvo un incidente fatal en medio de la preparación. Es una experiencia desastrosa, por la que ningún entrenador quisiera pasar.

Pues sobre esa vivencia, precisamente me acuerdo de *Farfullero,* del establo Vagabundo. El equino había debutado en 400 metros en contra de mi voluntad (porque el dueño es quien decide) y llegó en segundo lugar. Luego asentí para una carrera extraordinaria y logró un convincente éxito.

Más adelante, su muerte accidental provocada en la pista en horas de la mañana de un lunes sorprendió a todos, pero yo, quise morirme con él. Fue en un galope que se fracturó una pata, para lo cual no hubo más remedio que sacrificarlo.

Otro accidente que me golpeó el alma fue la lesión sufrida por *El Trovero.* Este había ganado su primera carrera de forma impresionante.

Con mucho pesar he reconocido accidentes con algunos de mis caballos entrenando en la pista, un escenario o área que estaba fuera de mi control. A esto, añado la lesión de *Lamento de Hípico.*

Según el plan, participó el 18 de febrero de 2012 en el Clásico George Washington, en su nonagésima tercera celebración. El ya dos veces campeón estaba considerado entre los favoritos, pero llegó en última posición. El caballo se había puesto a descansar debido a una lesión sufrida en uno de sus tendones.

Aunque me responsabilicé por ello, no fue cierto que el ejemplar tuviera problemas físicos previos a ese evento. Así lo declaré a *Primera Hora,* que cubrió la competencia en la que *My Favorite Spirit* resultó vencedor.

El caballo no tenía ningún problema. El lunes pasado cuando fue a la pista otro ejemplar se soltó y mi caballo se espantó porque es muy hiperactivo.

Al parecer se pisó una venda y eso causó una pequeña inflamación... Si hay un culpable en todo soy yo. Confié en que había recuperado al caballo, me corrí el chance y no salió bien.

Me disculpo con la fanaticada hípica. Soy muy respetuoso y responsable con mi trabajo y no me siento bien con lo que le pasó a Lamento Hípico.

Lamento Hípico no respondió a mis expectativas. Para mí el caballo ganaba, si no, no lo corría. Ese es el riesgo de los entrenadores cada vez que llevamos a un caballo a una competencia, en cualquier momento pueden lastimarse.

También expliqué que los caballos son como cristales frágiles, pueden lastimarse en cualquier momento. Se les trata de aliviar, unos recuperan y otros no lo hacen.

Mi historia con *Lamento Hípico,* para nosotros considerado un caballo caro y extraordinario para competir en relevantes torneos, fue de prosperidad; verdaderamente, para todos lo fue. Siempre estuvo en buenas condiciones para contender. Definitivo, atiné en que sería un campeón y del establo, si no fue el mejor, estuvo entre ellos.

Sin embargo, por un lado, pienso que estos lamentables incidentes fueron parte de las razones profesionales que meses después me llevaron a otros lares aspirando idílicamente a que no volvieran a ocurrir cerca de mí. Aparte de las decepciones personales o "gotitas que colmaron la copa", que comencé a sentir al cabo de un tiempo, y el desencanto se hizo presente.

Desde esa perspectiva, es meritorio admitir que, en mi perita trayectoria, por ser el hipismo un deporte que promueve las apuestas (y sin el debido control puede causar adicción), gané mucho dinero, pero asimismo lo derroché... Tuve muchas pérdidas, no solo monetarias.

Admito que no tuve control... aspirando a un golpe de suerte. Me extralimité y reconozco que fallé, pero igual otros me fallaron con promesas incumplidas.

Lamenté se perjudicara la relación profesional, de confianza y casi familiar con el propietario del establo Vagabundo, para quien laboré durante los últimos años.

En cierto momento, fui sustituido por quienes llevé a trabajar como mis ayudantes. A ellos, como entrenador y amante hípico, di la oportunidad de crecer, al extremo que luego quisieron pasar sobre mi autoridad. Esto, más que resentirlo, me sorprendió y por dignidad profesional no permití. No obstante, mi conocimiento y estilo de trabajo organizado y documentado, no les duraría mucho tiempo... tampoco a mí la decepción por sus actuaciones.

En realidad, no supe medir las consecuencias de mis actos, ni discernir entre personas hipócritas o interesadas, de las leales o fieles.

Fui injusto con la única mujer que siempre estuvo a mi lado y se había convertido indispensable en mi existir, sin percatarme. No supe valorar su presencia, mucho menos sus sentimientos; por el contrario, la lastimé, aunque nunca fuera mi intención. Una dama con mucho carácter, a quien un hombre inteligente jamás  dejaría escapar. Hoy me consuela verla feliz y, al menos, contar con su sincera amistad. Pero, en aquel momento me sentía contrariado, arruinado y desesperado. Todo mi mundo parecía derrumbarse y confabular en mi contra.

Por ello, ante la incertidumbre fue necesario "liar los bártulos" y alejarme cuando sentí tocar fondo. Y se abrió otra puerta que cambiaría mi precaria situación. Para  finales del 2013 arribé a los Estados Unidos con otro contrato por cumplir.

En esa ocasión, por un periodo acepté empezar en otro nivel profesional, aun así, eran atractivas condiciones de trabajo que me ayudarían a cumplir mis sueños. Sentí esperanzas (y añadiría otras gorras para mi colección).

Desde ese momento y durante el año siguiente, fueron varios los hipódromos en los que me desempeñé como asistente de entrenador de caballos para el prestigioso establo Adena Spring. Puedo mencionar, por ejemplo, en el estado de Maryland, a Laurel Park y en Baltimore, a Pímlico. En Florida, en la Capital del Sol, Miami, estuve en Calder y Gulfstream Park. Luego en West Virginia, Charles Town. Finalmente, en Ohio pasé por la ciudad de Cincinnatti, en el Belterra Park.

Siendo ayudante, de forma anónima seguía obteniendo triunfos como parte de los empleados en los recintos que visitaba. Cierto, "anónimo", ya que, unos cuantos se resistían a valorar mis conocimientos o consejos sobre el entrenamiento de caballos.

Había quien renegaba o rechazaba la vasta experiencia del simple ayudante oriundo de una hermosa isla caribeña. Algunos entrenadores me prestaron atención, pero no ejecutaban mis recomendaciones. Otros pocos oyeron sobre la preparación de caballos, y sin darme el crédito, ganaron.

Pese a esas circunstancias, no se ahuyentó mi ánimo porque estaba ilusionado en los Estados Unidos. Con sinceridad, dar lo mejor de mis sapiencias en bienestar de los caballos y del establo representado, me hacía feliz sin importar el puesto ocupado o el menosprecio debido a los "celos profesionales".

Tampoco el frío que calaba mis huesos logró desalentarme. Ni palear la nieve a mi recién llegada carente de un cálido abrigo. La incomodidad o la falta de privacidad, ni el calor que más adelante quería derretirme la piel y exageradamente coloreaba mi rostro fueron motivos para incumplir con los deberes asignados y realizados con fervor temprano cada madrugada, por lo que agradecía a Dios.

Además, por otro lado, me confortaba poder entrenar caballos para sus dueños en Puerto Rico, que confiaban en mí. En relación con esto, evoco que el 2 de enero de 2015, *Caribbean Princess* correría en la sexta carrera, pero no prevaleció en la pista del Gulfstream Park.

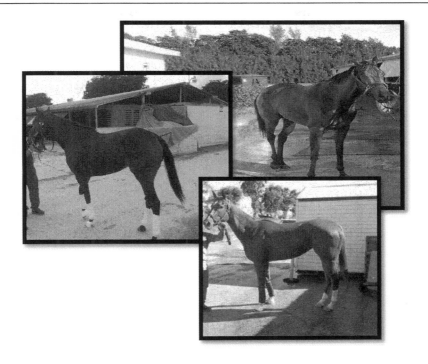

Días después, mi primera pupila, *Silviasgiveangel*, tuvo una victoria arrolladora el 18 de enero.

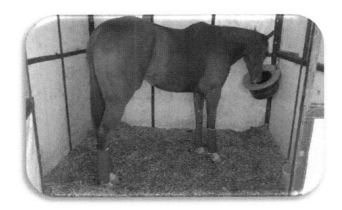

 El gran sentido de responsabilidad que habita en mis entrañas, inculcado por mi abuelo comerciante, jamás permitió ausentarme de mi labor por la falta de fluidez del idioma inglés, ni por agotamiento físico, o por estar enfermo o apreciarme solo, por no tener dinero en los bolsillos o por el simple hecho de extrañar a mis hijos, a la patria o al manjar con sazón criollo para degustar junto a la familia o amigos.

Así viví por varios meses, tiempo que no fue suficiente para finiquitar toda la documentación que añadiera días a mi presencia en parte de ese continente.

Estos requerimientos hicieron ineludible el regreso a mi tierra natal, cuando venció la visa que me autorizaba la jornada en territorio americano.

A mi regreso en el 2015, de inmediato y por espacio de cinco meses entrené caballos para el establo Del Mar Collection. Sin embargo, fue necesario tomar una pausa.

Entonces, fui a dirigir actividades artísticas y deportivas, entre otras labores, para el Ayuntamiento en San Juan de la Maguana, hasta finales del 2018.

Reflexiono y con certeza, puedo decirles que, en lo personal, desde el momento en que llegué a mi terruño llevo una vida más sosegada, más consciente de mis acciones.

Estoy dispuesto a recuperar con mis familiares el tiempo perdido por la distancia impuesta por los mares. Más que todo, deseo perdonar y ser perdonado.

Además, he decidido continuar con el apoyo para superar mi debilidad ante el juego de azar y me mantengo firme con la ayuda Divina.

Asimismo, me siento orgulloso de mi trayectoria, de este modo de ganarme el sustento, aquí en mi país o allá, en otro lugar, ganando o perdiendo. Sostengo el prestigio y las riendas de mi carrera. He continuado en marcha, pues todavía sigo aprendiendo de los caballos, de la hípica, de ciertas personas o modos.

Y como parte de eso, hasta la tecnología me ha colaborado y será útil para mis nuevos propósitos, que, aparte de mis mejores recuerdos, ha sido la fuente para corroborar e ilustrar algunos datos de esta novata meta. Porque, en efecto, dentro de esta pausa provocada por la cuarentena del Covid-19, previo me había tomado un tiempo de asueto para el proceso creativo de este libro.

Y como nota al calce, recopilando documentación para esta intención, leí el comentario de un seguidor del hipismo que *Lamento Hípico* había bajado al reclamo de $3,500, hecho que lamentaba. Pero, eso también es parte del juego...

En fin, transcurrido el tiempo y enterados de mi regreso tocaron a la puerta solicitando mis servicios nuevamente como entrenador de caballos de carreras en el Hipódromo V Centenario.

Tras una extensa conversación, aun sin estar convencido dada la incertidumbre de salubridad mundial debido al peligroso coronavirus, que también afectó el funcionamiento del hipódromo en la República Dominicana, días después me dirigí a ese recinto.

Consciente del peligro ambiental, había tomado las medidas cautelares para evitar contagios. Cubrí mi cara con mascarilla, me puse guantes, asimismo llevaba desinfectante.

Pero, en el camino observé que había mucha gente sin protección, aparte de sentir un calor agobiante que se impregnaba en la piel. Entonces, al llegar, resguardé la distancia que era prudente para la protección de todos, según los protocolos solicitados en el país.

El pavor que podría provocarme el ambiente desapareció con tan solo pisar la cuadra Pryca, la que de inmediato dejaron a mi cargo. Acepté sin dudarlo. Mi ánimo cambió notablemente.

Resultó agradable saludar a unos cuantos jinetes y la interacción con los mozos de cuadra, a quienes ya conocía y tendría de complemento para cumplir mis funciones. Ellos responsablemente se han mantenido ejercitando a los ejemplares durante esta cuarentena.

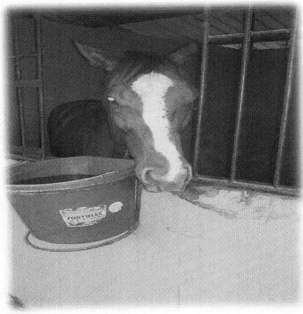

En efecto, me sentí dichoso con el simple hecho de ver la especie equina, de la cual me había separado por unos meses. ¿Cómo explicar o describir esa sensación? "¡Inefable!", quizás. Cuando pude tocarlos, para conocer sus particularidades, genios, mañas o necesidades, me di cuenta de la importancia extraordinaria y maravillosa que tienen para mí... además, que este es mi hogar, donde al menos, me esperan los caballos.

En esa área, cuyo propietario es don José Martí, tendré para entrenar a seis ejemplares machos y cinco hembras. Imaginarlos galopar y, en la eventualidad, ya compitiendo en las carreras, despertó mi emoción e ilusión otra vez.

Run Cami Run, Huracán P., Sargdena's Woman, Comeback P., Camila y *Tsunami P.* son parte de los once ejemplares de la cuadra, cuyas sedas son franjas de color rojo, verde y amarillo, y alberga caballos nativos de excelente calidad.

Entre esos, uno a simple vista captó mi atención y fue impresionante. Estaba en una esquina de su jaula. Mansamente habló con su mirada... y en ella vi "su ángel". Ese "algo especial", semejante al aura de *Lamento Hípico*, que precisé como  inspiración y bienvenida. Aseguro que fue inmediata la empatía con el animal.

Y es que, ese natural acercamiento valió para reflexionar que solo Dios dispondrá hasta cuándo yo, Ronzino, "**Manos Benditas**", a quien consideran una Leyenda en el hipismo, seguiré entrenando caballos y abonando carreras a mi abarcadora trayectoria profesional, que tantas complacencias me ha traído.

¡Oh! Por cierto, si de satisfacciones se trata, luego de cinco meses de encerramiento, las carreras hípicas fueron reanudadas en el V Centenario. Y el viernes, 21 de agosto de 2020, en el tercer evento, la ejemplar *Run Cami Run,* a las órdenes de Carlos de León, demostrando su buena condición física bajo mi entrenamiento, ¡ganó! ¡Y **yo, regresé...**!

Por eso atesoro lo mejor que sé hacer: **amo entrenar caballos**, seres especiales a los que nunca negaré la oportunidad de triunfar. Porque, como conté al inicio de estos relatos y quiero que comprendan, *los caballos de carreras* son los amigos que valoro de corazón, los considero mi gran pasión y —como la vida propia—: *son el centro de todo mi mundo*.

Mi trayectoria en poesía

De niño nació mi ímpetu
por los caballos de carreras
en el hipódromo Perla Antillana.
En mi país natal,
la República Dominicana,
entrenándolos comencé.

Luego en el V Centenario
tuve el placer de seguir
con el fervoroso afán
preparando a los equinos
para diferentes potentados
que en Manos Benditas confiaron.

Mi nombre se oyó en Puerto Rico.
En Camarero estuve
durante varios años.
Luego en recintos americanos
también me desempeñé
y buenas referencias dejé.

Sin dudarlo, son mi pasión
los caballos de carreras
que han sido mi sostén,
de juventud a la vejez,
toda mi vida entera
y hasta que Dios lo quiera.

Una obra de arte

Caballero en tantas cruzadas,
¡cuán hermoso eres,
musculoso, inteligente!
Ahí galopando vas, mi caballo,
con espectacular elegancia.
Son tus rasgos definidos,
diferentes y cautivantes,
erguido, admirable
y de figura impresionante.
Eres toda una obra de arte
belleza creada para mí
por el Señor de los Cielos.

Para ti manan los halagos
para demostrar lo que siento.
Mi corazón apasionado,
mi alma se transporta
y la emoción me lleva
al día que te conocí.
Me conquistaron los detalles
de tu vigorosidad y perfecta pisada,
destacados como buen caballo
"cual máquina para correr"
porque en tu instinto llevas
la apetecida rapidez.

Contigo he logrado tantos éxitos
que todos no puedo nombrar,
porque ganar envuelve más allá.
Eres orgullo del mundo hípico

cont. **Una obra de arte**

al tenerte como ejemplar
que momentos especiales da.
En mi responsabilidad
de entrenarte para competir
he podido curarte, mimarte,
consentirte, atenderte
y con tu impetuosa naturaleza
me recompensas al triunfar.

Mi caballo, soporte
y familiar camarada,
personaje principal
de mis benditas andanzas
en el inicio y transcurso
de la carrera que disfruto.
Al viento no temeré expresar
mi gran respeto, gratitud,
y eterno amor por ti,
afectuoso y noble animal,
te siento parte mí
cabalgando hasta el final.

*F*otogalería

			ENTRENADORES ESTADISTICA			EN EL POOL DE 6 A GANADOR		
				Total			Total	
3	11	2	R morales	67	39	2	Jm rodguez	35
26	11	2	Jd garcia	24	33	1	S diaz	3
37	10	1	J lisboa	5	28	2	G escobar	57
3	10	3	J jimenez	567	27	1	F santillana	6
4	9	1	A romero	4	25	2	Aj cruz	35
4	8	2	J g ronzino	34	22	1	M mercado	2
456	7	1	allison e	6	21	1	R perez	5
5	7	1	L ramirez	6	21	2	Al calderon	23
6	5	3	M gomez	234	20	1	F lorenzo	2
45	3	4	A santiago	3457	19	1	Fc rosario	5
6	0	3	G capote	347	18	1	J medina	5
25	0	2	Mo perez	57	18	1	M diaz	4
5	0	2	Juan l diaz	67	17	2	R rohena	66
6	0	1	H medina	4	15	1	Rr bultron	7
2	0	2	Julio diaz	25	15	1	S correa	5
		1	V carrasco	6	15			
		1	E falcon	4	13			
	52						EJEMPLARES	

O = 42 %

7 %

Acumulado= 39 %

G2= 33 %

PRIMERAS 3 POSICIO

G3= 3 %

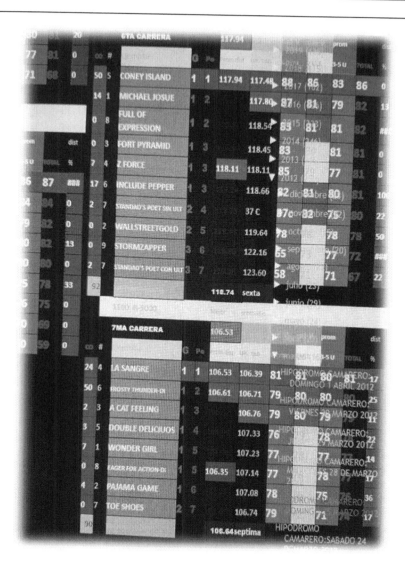

Estadísticas
Enero 1 a Agosto 18, 2012

Jinetes	Sts.	Win	Win%	Establos	Sts	Win	Win%	Entrenadores	Sts.	Win	Win%
J C Diaz	679	155	22.8	Establo Villa Real	198	64	32.3	A Escobar	295	87	29.5
H M Diaz	640	136	21.3	Bulls Farm	175	48	27.4	S Garcia	253	79	31.2
Julio Hernandez	521	113	21.7	Carlos Oyola Stable	360	46	12.8	J Lisboa	256	76	29.7
E Gonzalez	508	103	20.3	Silent Stable	161	45	28.0	G R Capote	470	70	14.9
E Castro	431	89	20.6	Aquino Stable	136	45	33.1	R Morales	217	68	31.3
C Pizarro	575	82	14.3	E. R. Stud	176	38	21.6	A Santiago	488	67	13.7
H Berrios	383	72	18.8	Establo Anadelma	117	36	30.8	J M Jimenez	249	62	24.9
L Hiraldo	342	58	17.0	Establo Dora Alta	172	28	16.3	M Gomez	356	40	11.2
A Hernandez	288	50	17.4	Establo Wanda Iris	104	24	23.1	G Escobar	159	30	18.9
J M Rivera	302	40	13.2	Establo Gloriu	140	21	15.0	J Garcia Ronzino	224	29	12.9
B Lopez	194	27	13.9	G. R. C. Racing	165	19	11.5	V Carmelo Jr	136	28	20.6
A M Viera	294	21	7.1	Establo Caridad	103	19	17.5	Jose D Velez	100	25	25.0
C Santiago	178	19	10.7	Edwin Ramos Stud	61	18	29.5	S Diaz	106	24	22.6
O Rosario	287	18	6.3	Ponky Racing	66	16	24.2	Julio Diaz Jr	167	23	13.8
W Gotay	131	18	13.7	Abar Racing	89	14	15.7	E Diaz Jr	83	23	27.7
J L Ortiz	111	16	14.4	Establo Eddy Willy	63	14	22.2	J M Rodriguez	167	21	12.6
A Salgado	135	13	9.6	Santa Rita Racing	57	14	24.6	M O Perez	147	18	12.2
A Feliciano	62	13	21.0	Establo Orion	48	14	29.2	Juan L Diaz	112	18	16.1
S Ortiz	146	12	8.2	Me K Nic Racing	49	13	26.5	J Gonzalez	95	16	16.8
J A Hernandez	180	12	6.7	Establo Vagabundo	104	11	10.6	E Velez	140	14	10.0

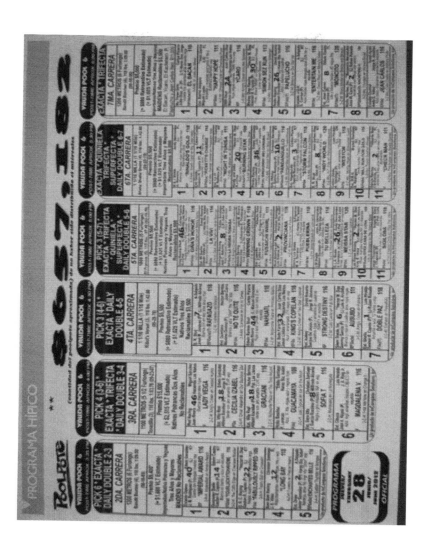

Camarero

Jueves 23 de Agosto de 2012
CABALLOS

Ejemplares en carreras que participan y punto de salida.
Carreras en las que participan los jinetes y entrenadores.

Along The River, 2, (2),	Frosty Thunder, 3, (2),	Sassy Lil Fox, 2, (4),
Alvazar, 7, (1),	Government Bailout, 6, (5),	Selenas So Mad, 3, (4),
Benson, 4, (2),	Guadalquivir, 8, (2),	Sofia T, 1, (4),
Broken Dancer, 4, (3),	Insuficiencia, 2, (5),	South Slew, 7, (4),
Bucapla B, 5, (1),	Italy Pride, 8, (1),	Southern Sunsation, 3, (5),
Colavito, 5, (2),	Jibarita, 1, (3),	Splurging, 4, (1),
Corozaleño, 7, (5),	Lofty Banner, 4, (4),	Swan Black, 7, (3),
Cracklin, 4, (5),	Market Prospect, 7, (2),	Sweet Azarel, 2, (1),
Dinner Re So, 1, (1),	Match Stick, 4, (6),	Te Lo Dije, 5, (4),
Dominating Force, 6, (7),	My Desert Queen, 6, (2),	Thatsafactkay, 6, (4),
Don Angel L, 5, (3),	Nebula, 3, (3),	Timbrazo, 5, (5),
Doña Ramona, 2, (3),	Our Dreamette, 6, (1),	Tipsy Tonya, 6, (6),
Ducado, 5, (7),	Pasion Patria, 5, (6),	Trampero, 5, (8),
Ejecutada, 1, (2),	Primal Dance, 3, (1),	
Feliu, 8, (3),	Prospect Parade, 6, (3),	

JINETES

I Ayala, 3	E Gonzalez, 1,2,4	J M Rivera, 1
H Berrios, 3	J Guadalupe, 6	A Salgado, 5
E Castro, 3,5,7,8	A Hernandez, 1,2,5	M Sanchez, 2
L A Colon, 6	Julio Hernandez, 3,4,5,7	C Santiago, 4
Vilmarie Delgado, 6	J A Hernández, 2	A Suarez, 6
J C Diaz, 1,5,7	L Hiraldo, 4,7,8	Y Trinidad, 6
H M Diaz, 2,4,5	R Jiménez, 5,6	
S Figueroa, 3	B Lopez, 4	
B Gonzalez, 6	C Pizarro, 5,7,8	

ENTRENADORES

J L Adorno, 4	S Garcia, 1,5,7	A Negron, 8
Luis Adorno, 4	J O Garcia Jr, 2	M O Perez, 8
A L Calderon, 5	M Gomez, 1,6	J M Pizarro, 6
G R Capote, 3	R Gotay, 4	Jose A Reyes, 7
J Cartagena, Jr, 5	J M Jimenez, 4,7	J M Rodriguez, 2
J R Delgado Jr, 2	J Lisboa, 4	J M Rodriguez, Jr, 5
S Diaz, 7	F Lorenzo, 5	J Garcia Ronzino, 1,6
E Diaz Jr, 6	H Medina, 6	A Santiago, 3,5,6,7,8
Julio Diaz Jr, 3	M Mercado, 3,3	
A Escobar, 1,2,5	J M Monserrate, 4	
J Figueroa, 6	R Morales, 2,5	

MORAVITZ

Jose A. Garcia Ronzino, Owner
Carlos A. Lopez, Trainer
Geovany Garcia, Jockey   August 30, 2014
Belterra Park   1 Mile-70 Yards 1:43.97

Purse
Dakota Fre
Lord Unbridle
$13.20 $7.00

Heyddy Mora

COMEBACK P.

PROPIETARIO: Jose Marti
ESTABLO: Pryca
ENTRENADOR: Jose Ronzino
JINETE: Carlos De Leon

DISTANCIA: 1,300mts
TIEMPO: 1:17 3/5
FECHA: 22 /09/2020

*A*preciación de la obra

"**Entre versos y estrofas...** *relatos de una vida*", de José Augusto García Ronzino, lleva en sus letras mensajes de amor a la mujer, a la madre, a la vida y muestra su inquebrantable fe en un ser superior. El autor expresa con nostalgia el cambio de rumbo para lograr sus sueños, además de manifestar su agobio mediante composiciones dirigidas al terrible Covid-19, pandemia de este siglo.

Sus inspiraciones están llenas de sensibilidad con las que fácilmente te identificas. Cada uno de sus escritos fluye de forma clara y sencilla.

Madreselvas de Puerto Rico
Escritora Autopublicada y
Exsecretaria de la Asociación
Internacional de Poetas y
Escritores Hispanos
junio 2020

*F*uentes consultadas

Como parte de este recuento personal, ausculté en distintos recursos para perfeccionar los recuerdos relacionados con el inicio, desarrollo y tiempos actuales de mi carrera profesional.

Las imágenes que complementan y atavían la poesía y prosa aquí contenida, unas llegaron a mis manos de forma inesperada y datan de mis años mozos y mi relación familiar. Por eso fue importante incluirlas en este proyecto, pese al desgaste traído por el tiempo. Otras fueron adquiridas; otras, cedidas y otras son parte de la información pública recopilada y autorizada.

Por ejemplo, entre las fuentes digitales puedo indicar los siguientes periódicos de circulación diaria, revistas y páginas de hipismo: *@joebrunopr* (23 septiembre 2020); *Dike Dice* (25 marzo 2012); *El Diario Libre* (24 abril 2015); *El Vocero* (28 junio 2012); *Equibase; Listín Diario* (21 octubre 2016); *Noticel.com* (5 noviembre 2011, 17 y 18 diciembre 2011); *Primera Hora* (26 marzo, 5 abril, 15 agosto,18 diciembre de 2011; 21 febrero; 24 y 31 mayo 2012, 6 y 28 abril 2013, 1 junio 2013; 18 mayo 2020); *Revista Hípica de Hipódromo Camarero* (15 y 29 agosto 2012); *Salón de la Fama del Deporte Ríopedrense*; *Wikipedia*; *www.dreamteamhipico.com*; *YouTube Channel:* (angelluis151, 4 septiembre 2012; *En Acción con Robert Sánchez,* 12 noviembre 2020; Joe Bruno, 4 septiembre, 18 diciembre 2011, 31 mayo 2012).

Y no tengo duda que tanto datos como imágenes, evidencian una época auténtica y valiosa de mi vida como entrenador de caballos de carreras, que, aun con altibajos, considero gloriosa.

Made in the USA
Middletown, DE
30 September 2021